格致方法·定量研究系列　吴晓刚　主编

基于行动者模型

（第二版）

[英]奈杰尔·吉尔伯特（Nigel Gilbert）　著

盛智明　译

SAGE Publications, Inc.

格致出版社　　上海人民出版社

出版说明

　　由吴晓刚(原香港科技大学教授,现任上海纽约大学教授)主编的"格致方法·定量研究系列"丛书,精选了世界著名的 SAGE 出版社定量社会科学研究丛书,翻译成中文,起初集结成八册,于 2011 年出版。这套丛书自出版以来,受到广大读者特别是年轻一代社会科学工作者的热烈欢迎。为了给广大读者提供更多的方便和选择,该丛书经过修订和校正,于 2012 年以单行本的形式再次出版发行,共 37 本。我们衷心感谢广大读者的支持和建议。

　　随着与 SAGE 出版社合作的进一步深化,我们又从丛书中精选了三十多个品种,译成中文,以飨读者。丛书新增品种涵盖了更多的定量研究方法。我们希望本丛书单行本的继续出版能为推动国内社会科学定量研究的教学和研究作出一点贡献。

总　序

2003 年，我赴港工作，在香港科技大学社会科学部教授研究生的两门核心定量方法课程。香港科技大学社会科学部自创建以来，非常重视社会科学研究方法论的训练。我开设的第一门课"社会科学里的统计学"（Statistics for Social Science）为所有研究型硕士生和博士生的必修课，而第二门课"社会科学中的定量分析"为博士生的必修课（事实上，大部分硕士生在修完第一门课后都会继续选修第二门课）。我在讲授这两门课的时候，根据社会科学研究生的数理基础比较薄弱的特点，尽量避免复杂的数学公式推导，而用具体的例子，结合语言和图形，帮助学生理解统计的基本概念和模型。课程的重点放在如何应用定量分析模型研究社会实际问题上，即社会研究者主要为定量统计方法的"消费者"而非"生产者"。作为"消费者"，学完这些课程后，我们一方面能够读懂、欣赏和评价别人在同行评议的刊物上发表的定量研究的文章；另一方面，也能在自己的研究中运用这些成熟的方法论技术。

上述两门课的内容，尽管在线性回归模型的内容上有少量重复,但各有侧重。"社会科学里的统计学"从介绍最基本的社会研究方法论和统计学原理开始,到多元线性回归模型结束,内容涵盖了描述性统计的基本方法、统计推论的原理、假设检验、列联表分析、方差和协方差分析、简单线性回归模型、多元线性回归模型,以及线性回归模型的假设和模型诊断。"社会科学中的定量分析"则介绍在经典线性回归模型的假设不成立的情况下的一些模型和方法,将重点放在因变量为定类数据的分析模型上,包括两分类的 logistic 回归模型、多分类 logistic 回归模型、定序 logistic 回归模型、条件 logistic 回归模型、多维列联表的对数线性和对数乘积模型、有关删节数据的模型、纵贯数据的分析模型,包括追踪研究和事件史的分析方法。这些模型在社会科学研究中有着更加广泛的应用。

修读过这些课程的香港科技大学的研究生,一直鼓励和支持我将两门课的讲稿结集出版,并帮助我将原来的英文课程讲稿译成了中文。但是,由于种种原因,这两本书拖了多年还没有完成。世界著名的出版社 SAGE 的"定量社会科学研究"丛书闻名遐迩,每本书都写得通俗易懂,与我的教学理念是相通的。当格致出版社向我提出从这套丛书中精选一批翻译,以飨中文读者时,我非常支持这个想法,因为这从某种程度上弥补了我的教科书未能出版的遗憾。

翻译是一件吃力不讨好的事。不但要有对中英文两种语言的精准把握能力,还要有对实质内容有较深的理解能力,而这套丛书涵盖的又恰恰是社会科学中技术性非常强的内容,只有语言能力是远远不能胜任的。在短短的一年时间里,我们组织了来自中国内地及香港、台湾地区的二十几位研究生参与了这项工程,他们当时大部分是香港科技大学的硕士和博士研究生,受过严格的社会科学统计方法的训练,也有来自美国等地对定量研究感兴趣的博士研究生。他们是香港科技大学社会科学部博士研究生蒋勤、李骏、盛智明、叶华、张卓妮、郑冰岛,硕士研究生贺光烨、李兰、林毓玲、肖东亮、辛济云、於嘉、余珊珊,应用社会经济研究中心研究员李俊秀;香港大学教育学院博士研究生洪岩璧;北京大学社会学系博士研究生李丁、赵亮员;中国人民大学人口学系讲师巫锡炜;中国台湾"中央"研究院社会学所助理研究员林宗弘;南京师范大学心理学系副教授陈陈;美国北卡罗来纳大学教堂山分校社会学系博士候选人姜念涛;美国加州大学洛杉矶分校社会学系博士研究生宋曦;哈佛大学社会学系博士研究生郭茂灿和周韵。

参与这项工作的许多译者目前都已经毕业,大多成为中国内地以及香港、台湾等地区高校和研究机构定量社会科学方法教学和研究的骨干。不少译者反映,翻译工作本身也是他们学习相关定量方法的有效途径。鉴于此,当格致出版社和 SAGE 出版社决定在"格致方法·定量研究系列"丛书中推出另外一批新品种时,香港科技大学社会科学部的研究生仍然是主要力量。特别值得一提的是,香港科技大学应用社会经济研究中心与上海大学社会学院自 2012 年夏季开始,在上海(夏季)和广州南沙(冬季)联合举办"应用社会科学研究方法研修班",至今已经成功举办三届。研修课程设计体现"化整为零、循序渐进、中文教学、学以致用"的方针,吸引了一大批有志于从事定量社会科学研究的博士生和青年学者。他们中的不少人也参与了翻译和校对的工作。他们在繁忙的学习和研究之余,历经近两年的时间,完成了三十多本新书的翻译任务,使得"格致方法·定量研究系列"丛书更加丰富和完善。他们是:东南大学社会学系副教授洪岩璧,香港科技大学社会科学部博士研究生贺光烨、李忠路、王佳、王彦蓉、许多多,硕士研究生范新光、缪佳、武玲蔚、臧晓露、曾东林,原硕士研究生李兰,密歇根大学社会学系博士研究生王骁,纽约大学社会学系博士研究生温芳琪,牛津大学社会学系研究生周穆之,上海大学社会学院博士研究生陈伟等。

　　陈伟、范新光、贺光烨、洪岩璧、李忠路、缪佳、王佳、武玲蔚、许多多、曾东林、周穆之,以及香港科技大学社会科学部硕士研究生陈佳莹,上海大学社会学院硕士研究生梁海祥还协助主编做了大量的审校工作。格致出版社编辑高璇不遗余力地推动本丛书的继续出版,并且在这个过程中表现出极大的耐心和高度的专业精神。对他们付出的劳动,我在此致以诚挚的谢意。当然,每本书因本身内容和译者的行文风格有所差异,校对未免挂一漏万,术语的标准译法方面还有很大的改进空间。我们欢迎广大读者提出建设性的批评和建议,以便再版时修订。

　　我们希望本丛书的持续出版,能为进一步提升国内社会科学定量教学和研究水平作出一点贡献。

吴晓刚

于香港九龙清水湾

目 录

序

    大约50年前,托马斯·谢林(Thomas Schelling)发表了社会科学中的第一个基于行动者模型(agent-based model, ABM)。该模型展示了部分家庭的相对温和的居住偏好,何以导致明显的社区居住隔离模式。从此以后,特别是最近一段时间,该模型的应用在许多领域中蓬勃发展,从舆论动态到供应链管理,从语言进化到流行病学,从消费行为到城市规划。第二版《基于行动者模型》适用于广大读者。作者奈杰尔·吉尔伯特是计算社会科学的创始人之一,也是基于行动者模型的权威。

    正如吉尔伯特教授所定义的那样,基于行动者的建模是"一种计算方法,使研究者创建和分析由在环境中互动的行动者组成的模型,并对其进行实验"。基于行动者模型包含从高度抽象简化的模型,到试图复制真实观测现象的传真模型。它们将分析的微观和宏观层面清晰地连接起来,正如谢林的家户和社区模型所展现的那样。因为基于行动者模型将行动者个体之间的动态相互依赖纳入考虑,在这些模型中,宏观层次变化的结果是突发的,经常是非线性的,而且有时是令人惊讶的,就像谢林模型中的情况一样。

　　与第一版一样，《基于行动者模型》的第二版也是面向初学者。它适合作为学习正式模型、模拟和计算社会科学等专业方向的本科生和研究生课程的补充材料；对于任何对此领域感兴趣的社会科学研究者而言，本书也是一个快速的入门介绍。作者仔细界定了相关概念，列出设计、建构和报告基于行动者模型的步骤，也包含一个实用的词汇表。本书向读者展示了如何使用 NetLogo 建模环境，该环境可供全世界的学生、教师和研究人员免费使用，以建立和运行一个简单的基于行动者模型。NetLogo 帮助读者入门，即使是那些没有一点代码知识背景的人。第二版《基于行动者模型》保留了第一版的长处，同时更新了材料，拓展了核查、验证和文档的覆盖面，并介绍了一些新的主题，例如使用基于行动者模型来探究公共政策。与第一版一样，本书的目标是使读者能更好地成为已发布的基于行动者模型的消费者，并为他们最终成为这些模型的创造者奠定基础。

　　基于行动者建模是一个迅速发展的领域，特别是在应用广度上。此外，基于行动者模型逐渐成为跨学科合作的焦点，跨学科合作包括在不同学科（如社会学和地理学）的社会/行为科学家之间，或在社会/行为科学和自然科学（如环境科学）之间，以及在社会/行为科学和计算机科学之间。根据不同的目的，基于行动者模型的核心规则可以从理论、过去的实证研究和/或与当地专家的对话中获得。事实上，基于行动者模型正被越来越多地应用于基于社区的参与式研究中。鉴于这些趋势，现在比 2007 年第一版出版时更需要一本通俗易懂的入门书，而第二版完全满足了这一需求。

芭芭拉·恩特威斯尔

前　言

　　基于行动者建模是一种计算机模拟形式。虽然模拟作为一种研究技术在从天文学到生物化学的自然科学中已经是非常重要的部分,但直到最近,它在社会科学中仍然是被忽视的。这可能是因为缺少能满足社会科学特殊需求的计算机方法。然而,从20世纪90年代早期开始,人们逐渐认识到基于行动者的建模的价值,从那以后,运用基于行动者的建模的研究数量开始迅速增多(Hauke, Lorscheid, & Meyer,2017)。

　　基于行动者建模特别适合于解释过程及其后果很重要的主题。基于行动者建模在本质上是创建了一个计算机程序,用不同的程序代码来代表行动者,然后运行这个程序,观察行动者在模拟期间的行为。在被建模的行动者和程序中的行动者之间存在着直接的对应关系,这使得该方法具有直观的吸引力,尤其是对玩电脑游戏长大的一代。尽管如此,基于行动者建模在严谨性方面与数学和统计建模是旗鼓相当的。如同基于公式的建模,而不是像散文那样,基于行动者模型如果要被电脑执行的话,就必须具有完整性、一致性和清晰性。另一方面,基于行动者模型又和大多数数学模型不同,它包含在特征和能力上具有异质性的行动者,能对非均衡的情况建模,并能直接处理行动者之间的互动结果。

因为是一种新方法,所以现在还没有什么课程可以讲授基于行动者模型的建模技术,虽然课程数量在增加,但是只有很少的教材是直接针对感兴趣的社会科学研究者的。本书提供了对此模型的介绍,重点介绍了当选择基于行动者模型作为合适的方法时,建模者需要做出的决定,并提供一些如何进行相关操作的技巧。本书的目的是使社会科学家和研究生能够进行操作实践,而且本书已经在计算社会科学研究生课程或博士项目中,作为基于行动者建模的推荐读物。本书也可作为高级社会研究方法研究生课程的辅助性读物。这将为那些旨在为基于行动者建模提供深入指导的教科书做一个良好的准备(例如,Hamill & Gilbert,2015;Heppenstall,Crooks,See,& Batty,2012;O'Sullivan & Perry,2013;Railsback & Grimm,2012;Squazzoni,2012;Wilensky & Rand,2015)。基于任何语言的计算机编程知识和经验都将有助于理解这本书,但并不是必要条件。

本书在最后列出了已出版的书籍和网络资源、术语表以及参考文献。因为本领域发展得异常迅速,所以只能介绍现有研究和教科书中的一些例子,这些教科书在相关议题上提供了更多细节内容。当然如果本书篇幅足够的话,还可以引用更多的例子。另外,本书只简要介绍了与基于行动者模型紧密相关的两个领域:网络模型和博弈模型,关于这两个模型的详细内容在 SAGE 丛书的其他书籍中都有涵盖(比如

Knoke & Yang，2008 以及 Fink，Gate，& Humes，1998）。

　　本书有一个专门的网站：study. sagepub. com/research-methods/qass/gilbert-agent-based-models-2e。该网站中包含了运用 NetLogo 软件开发的带有注释的示例模型。

致　谢

　　这本书产生于近 25 年来构建基于行动者模型（无论大小）的过程中，涉及从科学政策到人类学的各个领域。我对基于行动者模型的了解，从许多人的建议和陪伴中得到了不可估量的帮助，这些人包括 Andrew Abbott, Petra Ahrweiler, David Anzola, Robert Axelrod, Rob Axtell, Pete Barbrook-Johnson, Riccardo Boero, François Bousquet, Cristiano Castelfranchi, Edmund Chattoe, Claudio Cioffi-Revilla, Rosaria Conte, Guillaume Deffuant, Bruce Edmonds, Gusz Eiben, Corinna Elsenbroich, Lynne Hamill, Samer Hassan, Wander Jager, David Lane, Scott Moss, Kavin Narasimhan, Gilbert Peffer, Alex Penn, Andreas Pyka, Juliette Rouchier, Mauricio Salgado, Stephan Schuster, Flaminio Squazzoni, Luc Steels, Klaus Troitzsch, Paul Vogt, Lu Yang。感谢 Riccardo Boero, Lars-Eric Cederman, Lynne Hamill, Luis R. Izquierdo, Ken Kahn, Tim Liao, Michael Macy, Lu Yang 和八位匿名评审人对第一版和第二版稿件给予的详细和建设性的评论。

　　SAGE 出版社感谢如下审稿人对修订稿的反馈意见：
Andrew Crooks(乔治梅森大学)，Sally Jackson(伊利诺伊大
学厄巴纳-香槟分校)，James Nolan(萨斯喀彻温大学)，Oleg
Smirnov(纽约州立大学石溪分校)，Garry Sotnik(波特兰州立
大学)。

第 **1** 章

基于行动者的建模理念

　　这本小书解释了什么是基于行动者模型,指出了在运用此模型时存在的一些风险,描述了进行基于行动者模型建模的一些典型方法,并提供了一系列来自社会科学的例子。

　　第1章在将基于行动者模型与人们更加熟悉的其他模型进行对比之前,先简要概述了此模型,并描述了目前基于行动者建模研究的一些例子。第2章将介绍更加细节的部分,思考一系列方法论和理论问题,并解释什么是"行动者"。第3章进入构建基于行动者模型的具体环节当中,并用一个简单的例子来展示如何设计基于行动者模型。第4章提供了关于开发、检验和验证基于行动者模型的一些实用的建议。最后,第5章讨论了设计基于行动者建模项目,发表研究结果,以及应用基于行动者建模以帮助制定和评估社会和经济政策。这本书最后还列出了一个线上和已出版资源列表,这对基于行动者建模者非常有用。

　　基于行动者建模作为社会科学中的一种建模方法已经越来越流行,因为它能够建立直接代表个体行动者及其互动的模型。在与诸如结构方程这样基于变量的方法,或与诸如微分方程这样基于系统的方法进行比较时,基于行动者模拟为对个体异质性建模提供了可能性,能清晰呈现行动者的决策规则,并将行动者放置在地理或其他类型的空间中。该方法允许建模者以一种自然的方式显示分析的多种尺度,展现从个体行动到宏观或社会层次结构的出现,以及呈现适应和学习的各种类型,这些都是其他建模方法不能轻易做到的。

第 1 节 | **基于行动者建模**

形式上,基于行动者建模是一种计算方法,使研究者能够创建、分析由在环境中互动的行动者组成的模型,并对其进行实验。让我们分析一下在这个定义中的每一个关键词。

一种计算方法

首先,基于行动者建模是一种计算社会科学。也就是说,它涉及建立计算机程序的模型。建模思想在大多数社会科学研究领域都为人所熟知:创建关于"社会现实"的简化形式,以便尽可能清晰地展现人们所相信的现实世界的运行方式。例如,如果有一个因变量和一个或多个自变量,回归方程就是变量之间关系的模型。由节点和边线组成的网络可以对朋友关系进行建模。即使是对一种关系的普通语言描述,如一个国家的知识产权保护力度与创新程度之间的关系,也可以被认为是一个模型,尽管这是一个简单的和相当不正规的模型。

计算模型被表述为计算机程序,其中包含一些输入(如自变量)和一些输出(如因变量)。程序本身代表了被认为存在于社会世界的一些过程(Macy & Willer, 2002)。例如,我们有一个关于朋友群体如何影响消费者购物选择的理论。
我们可以建立一个程序,在此程序中,个体(行动者)根据自
己的偏好购物。有趣的地方在于,行动者购买的物品将影响
其朋友的购物行为,而且该朋友购买的物品又会反过来影响
第一个行动者。运用基于行动者建模能够比较容易地对这
种相互强化的过程进行建模。

　　计算建模的一个优势是确保精确性:与用自然语言表达
的理论和模型不同,一个计算机程序如果要运行,就必须完
整且准确地进行设定。另一个优势在于,对过程的理论建模
往往相对容易,因为程序都是让计算机内的事物发生变化。
如果计算机建模的想法让你想起了电脑游戏,尤其是那种玩
家自己去构建虚拟世界的游戏,比如"模拟人生"(https://
www.ea.com/games/the-sims/),这并不是巧合。这些游戏
其实非常接近计算机建模,尽管为了使游戏更加有趣,设计
者通常会给它们设计更加华丽的画面,而社会理论却比基于
行动者模型更少。

实验

　　在物理学、化学以及部分生物学中,实验是科学研究的
标准方法,但在大部分社会科学中,仍然极少开展实验。实
验包括将一些处理方法应用于一个封闭系统,并观察发生的
反应,将被处理的系统与另一个没有接受任何处理的同等系
统(对照)进行比较。实验的最大优点是,它使人们确定是实
验处理导致了观察到的效果,因为在被处理系统和对照系统
之间的差异只有这个处理,而且这些系统与其他潜在的变化

原因是隔离的。然而,对于社会系统来说,隔绝在本质上是不可能的,而且改变一个系统但却不改变对照系统,在伦理上通常是不可取的。因此,尽管实验结果可能很清晰,但大多数社会科学家不经常使用实验方法,也就不足为奇了。

基于行动者建模的一个主要优势是:当人们在虚拟或计算机系统上做实验时,确保人类系统隔离的困难和实验的道德问题是不存在的。一个实验可以被设置并重复多次,使用一系列的参数或允许一些因素随机变化。当然,对一些社会现象进行计算机建模来开展实验时,只有在模型的行为与人类系统相同的情况下,换句话说,只有在模型是一个好模型的情况下,才会产生有趣的结果,而我们可能不知道情况是否如此。所以,基于模型的实验并不是万能的。

在模型上而不是真实系统上进行实验的想法并不新鲜。例如,当建筑师将摩天大楼模型放在风洞里研究它在大风中的行为时,他们是对模型进行实验,原因与社会科学家想要对模型进行实验的原因是一样的:对真实的摩天大楼进行实验的成本太高。对模型进行实验的另一个原因是,这可能是获得结果的唯一途径。通过分析来推导模型的行为通常是最好的方法,因为该方法提供了关于模型在一系列输入下将如何表现的信息,但往往分析性的解决方案并不容易获得。在这些情况下,就有必要对不同的输入值进行实验,看模型是如何运动的。模型可能处在许多不同的环境之下,以此来模拟真实世界。

模型

计算社会科学是基于一种想法,即建构模型,然后用模型来理解社会世界(Gilbert,2010)。模型在社会科学中已有很长的历史——比使用计算机的历史要长很多——但只有当统计方法开始应用于分析经济学和人口学的大量定量数据时,建模方法才崭露头角。模型试图去呈现或模拟一些真实存在的现象,这些现象被称为"模型原型"。模型有两个主要优点:它简洁地展现了原型特征之间的关系,而且它允许人们通过研究模型发现关于原型的信息(Epstein,2008)。

最早为人所熟知的一个社会科学模型是菲利浦斯(Phillips,1950)的经济学水力模型。这个模型用相连管道中流动的水来代表货币流通。该模型的一个版本目前仍然能够在伦敦科学博物馆中观赏到(http://en.wikipedia.org/wiki/MONIAC_Computer)。改变参数(如利息率)的影响可以通过改变管道中水的流动率来研究。

模型有许多类型,有必要列出其中的一些类型来说明它们之间的差异。

(1)比例模型,这是原型的缩小版本。与尺寸一起缩减的是模型细节内容和复杂性水平的系统性减小。例如,一架飞机的比例模型可能有与原型相同的形状,但可能没有真飞机的电子控制系统或引擎。同样,一个城市的比例模型比真实城市小很多,而且可能只对两个维度建模(例如,只有建筑物之间的距离,而没有建筑物的高度)。当研究完模型,对原型下结论时,我们需要谨记,从模型中得出的结论需要按比例还原到原型的维度上去,但有些特征没有建模,这些特征很可能会影响结论的有效性。

(2)理想模型,这是原型中的一些特征被放大以简化原型的模型。例如,关于股票市场的理想模型可能会假设信息能够及时地从一个交易者流向另一个交易者;关于交通的理想模型可能会假设司机从来不会迷路;等等。理想化具有将一个或更多复杂因素移除出模型的效果,如果这对模型运行的影响微乎其微,那么该模型对原型得出的结论就是有效的。

(3) 类比模型的基础是在一些比较好理解的现象与原型之间进行类比。其中最有名的例子就是原子的撞球模型,但也有一些社会科学的例子,例如关于思维的计算机模型(Boden,1988;Piccinini & Bahar,2013),以及关于组织的垃圾箱模型(March,Cohen, & Olsen,1972)。这些模型都是有用的,因为从类比中得到验证的结果可以被延伸和应用到原型上,当然,这些结论的有效性取决于类比的充分性。

以上这些类型并不是互斥的。一个可能也确实很常见的情况是,一个模型既是比例模型,又是类比模型(例如,上面提到的经济学水力模型就是这样的混合)。

有些模型被归为第四类型,该类型与前面的类型不同,但在社会科学中经常会遇到,这些模型通常被称为"数学模型"或"基于公式的模型",例如定量社会学中的结构方程模型和新古典经济学中的宏观经济模型。这些模型明确了变量之间的关系,但与其他三类模型不同的是,它们并没有显示模型和原型之间的类比或相似关系。通常,数学模型的成功是通过数据与方程的拟合程度来体现的,但方程的形式本身并没有什么趣味和意义。例如,科布-道格拉斯(Cobb-Douglas)生产函数是一个关于生产产出如何与生产投入相关的数学模型(Cobb & Douglas,1928):

$$Y = AL^{\alpha}K^{\beta}$$

其中 Y=产出,L=劳动力投入,K=资本投入,A、α、β

是由技术决定的常数项。该方程的形式来自统计证据，而不是来自对公司行为的理论化。尽管数学模型在社会科学的某些领域中非常成功地阐明了变量之间的关系，但它们在帮助人们理解为什么一个变量与另一个变量相关方面往往用处不大，换句话说，这些模型对于阐述关于过程和机制的想法没有什么帮助。

行动者

基于行动者模型由在环境中互动的行动者构成。行动者是独立的计算机程序，或者更常见的是一个程序的不同部分，用来代表社会行动者——个体、组织（如公司）或实体（如民族国家）。它们被编入程序中，并对它们所处的计算机环境做出反应，而这个环境是社会行动者所处真实环境的模型。

稍后我们将看到，基于行动者模型的一个重要特征在于行动者可以互动。也就是说，它们可以相互传递信息，并且根据他们从这些信息中学到的东西采取行动。这些消息可能代表人们之间的对话，也可以代表更间接的信息流动方式，例如对另一个行动者的观察，或对另一个行动者行动效果的检测。对这种行动者之间的互动进行建模的可能性是将基于行动者模型与其他类型的计算机模型区分开来的主要方式。

环境

环境是行动者行动的虚拟世界。它可以是一个完全中立的媒介，对行动者的影响很小或没有影响，或者它可能像行动者本身一样被精心地建构出来。通常,环境代表地理空间,例如,在居住隔离模型中,环境模拟了城市的一些物理特征(例如,Portugali, Benenson, & Omer, 2010),以及在关于物种区位的生态模型中也是如此(例如,Watkins, Noble, Foster, Harmsen, & Doncaster, 2015)。那些以环境代表地理空间的模型被认为是空间明确的。在其他模型中,环境可以是一个空间,但它代表的不是地理而是其他特征。例如,高科技领域的公司可以在知识空间中建模(Gilbert, Ahrweiler, & Pyka, 2014)。在这些空间模型中,行动者用坐标来表示他们的位置。另一种方法是没有任何空间表征,而是将行动者连接成一个网络,在这个网络中,某个行动者与其他行动者的关系的唯一标识就是通过网络联系连接起来的行动者列表。例如,沃尔波特(Walbert)、卡顿(Caton)和诺加德(Norgaard)(2018)对国家之间的防御协议和战争进行建模。这些协议由形成全球国家网络的链接来表示。

为了使这些定义更加具体,在下一节中,我们从这些概念的角度介绍基于行动者模型的一些例子。

第 2 节 ｜ 一些例子

基于行动者模型在社会科学的大多数分支中都有价值。本节以下部分简要介绍的模型是经过选择以说明它们涉及的问题领域的多样性的,在这些领域中,这些模型都被有效地应用。

城市模型

1971 年,托马斯·谢林(Schelling, 1971, 1978;也可见 Hegselmann, 2017; Sakoda, 1971)提出了一个模型,用于解释在美国城市中观察到的种族隔离现象。这个模型在最初的设想中是一个非常抽象的模型,但它在解释不论是美国还是其他国家城市中心的种族隔离现象的持续研究中非常具有影响力。该模型基于一个代表城市区域的规则的正方形网格,代表家庭的行动者被随机放置在网格上。这些行动者有两种(我们称之为"红色"和"绿色")。每个单元格一次只能容纳一个家庭行动者,而且许多单元格是空的。在每个时间步骤中,每个家庭都会调查它的近邻(它周围的八个单元格),并计算属于另一种颜色的家庭的比例。如果这个比例大于某个恒定的阈值(例如,有超过固定比例的红色围绕着绿色,或绿色围绕着红色),该住户就认为自己是不幸福的,并决定搬迁。它通过移动到网格上某个空闲单元来做到这一点。

在下一个时间步骤中,新安置的家庭可能会改变其邻居的容忍度,导致其中一些人变得不幸福,这可能会导致一连串的搬迁。当容忍阈值在 0.3 或以上时,最初随机分布的家庭就会隔离成红色和绿色的色块,相同颜色的家庭会聚集到一起(图 1.1)。即使家庭可以容忍毗邻的大部分邻居都是不同颜色,这种聚集也会发生。谢林解释说,这表明即使种族偏见程度很低,也会产生 20 世纪 70 年代美国城市那样典型的强隔离模式。

资料来源:Wilensky, U. (1998). NetLogo Segregation model. http://ccl.northwestern.edu/netlogo/models/Segregation. Center for Connected Learning and Computer-Based Modeling, Northwestern University Evanston, IL。

图 1.1　谢林模型,开始时(左)和达到均衡后(右),0.3 的统一容忍度

谢林模型之所以有影响力,有几个原因(Batty,2013)。第一,模型结果——相同颜色的家庭聚集——是令人吃惊的,而且仅从个别行动者的运动规则考虑的话,是不容易预测到该结果的。第二,模型非常简单,只有一个参数值,即容忍值,因此很容易理解。第三,突生的聚集行为是相当稳健的。对于不同的容忍值、对于不同的移动规则(例如,家庭行动者可以随机选择一个新单元格,或者使用效用函数选择最喜欢的单元格,或者如果单元格是有价的,则考虑负担能力等),以及对于考虑哪些邻居的不同规则(例如,周围八个单元的邻居;东南西北四个单元的邻居;或两个或更多单元以外的大环)(Gilbert,2002),都可以获得相同的结果。第四,这个模型直接明示了如何用经验数据检验它(Benard & Willer,2007;Benenson & Hatna,2009;Clark,1991;Fossett & Waren,2005;Hatna & Benenson,2012;Laurie & Jaggi,2003;Mahdavi Ardestani,O'Sullivan,& Davis,2018;Pollicott & Weiss,2001;Sander,Schreiber,& Doherty,2000;Zhang,2004),虽然实践已经证明,要获得可靠的、广泛的家庭位置偏好数据来计算不幸福的评级是相当困难的。与以往提出的基于移民流和住宅相对价值的方程(例如,O'Kelly & Fotheringham,1989)的其他模型相比,谢林模型的优点在于需要估计的参数数量较少,而且模型的模拟和分析也很简单。现在的工作重点是使模型更加具体化,用实际的城市地理环境取代抽象的方形网格,并增加更多的因素,如家庭希望迁往的地点的可负担性。

谢林模型是一类模型的例子,该类模型关注土地使用与流动性变化。有许多模型的例子涉及调查空间景观变化的影响(Gotts,Matthews,Gilbert,Polhill,& Roach,2007),可用于政策分析和规划,以及理解土地利用的空间模式。交通模拟的基于行动者模型也越来越多地被用于改善道路规划,从而改善路边的空气质量或减少交通拥堵〔比如,POLARIS

(Argonne National Laboratory，2018)]。

舆论动态

另一组有趣的、具有潜在重要意义的模型是关于理解政治观点的发展过程的模型。例如解释极端主义思想在人群中的扩散。虽然有几项研究探讨了不同假设的结果和民意传播的机制(例如，Afshar & Asadpour，2010；Anderson & Ye，2019；Deffuant，2006；Deffuant，Amblard，& Weisbuch，2002；Flache et al.，2017；Krause & Hegselmann，2002；Kurahashi-Nakamura，Mäs，& Lorenz，2016；Lorenz，2006；McKeown & Sheehy，2006；Stauffer，Sousa，& Schulze，2004；Stefanelli & Seidl，2017)，但我们在此将只回顾一项这样的研究。德福恩和同事(Deffuant et al.，2002)问道：

> 最初被认为是极端和边缘的意见，如何能成为群体中大多数人的规则？世界历史上的一些案例表明，由于在刚开始时受一小撮人的影响，共同体或多或少会在全球范围内突然转向极端民意。20世纪30年代的德国就是一个关于此过程的特别富有戏剧性的例子。在近几十年中，最初为少数派的一群伊斯兰激进分子成功地说服了中东国家的大部分人口。但也有一些不那么戏剧化的过程，比如时尚，这就是少数人的行为，一旦他们被认为是前卫分子，就会成为大部分人的规则。另一方面，我们也可以找到许多产生严重群体两极分化的例子，比如冷战时期的欧洲。在这些例子中，整个群体都

变成了极端派（选择一边或另一边）。（Deffuant et al.，2002）

在德福恩及其同事（Deffuant et al.，2002）的模型中，行动者持有一个意见（在－1和＋1之间的实数），以及对该意见的怀疑程度，称为"不确定性"（正实数）。行动者的意见段被界定为以行动者的意见为中心的区段，随着行动者的意见不确定性值向左右延伸。行动者随机相遇，也就是说，从行动者库中选择一个行动者，这个行动者与另一个行动者发生互动。当他们相遇时，如果他们的意见段重叠，一个行动者就可能会影响另一个。如果意见段不重叠，则假设行动者的意见非常不同，以至于他们没有机会影响彼此。如果一个行动者确实影响了另一个行动者，那么这个行动者（行动者 j）的意见受另一个行动者（行动者 i）意见的影响，影响的程度与他们意见之间差异成正比，乘以观点重叠量再除以行动者 i 的意见不确定性，再减去1。这个公式的效果是，非常不确定的行动者对其他行动者的影响，比那些具有确定性意见的行动者对其他行动者产生的影响要小（详细情况见 Deffuant et al.，2002：公式1到公式6）。

除了一些拥有最积极和最消极意见的极端派，每一个行动者在刚开始时都持有一个来自统一随机分布的意见，并具有相同程度的不确定性。极端派被赋予一个低水平的不确定性，即假设极端派对他们的极端意见相当明确。在这些条件下，极端主义扩散开来，并且模拟最终会达到一个稳定状态，所有行动者都成为在意见连续体的一端或另一端的极端分子。在没有持确定性政治意见的极端分子的情况下重新运行模拟,取而代之的是群体融合,所有行动者共享一个温和的意见。因此,模型表明那些意见不能被其他行动者所影响的极端分子,能够对大多数人的意见产生戏剧性的影响。这一研究对于理解恐怖主义运动的发展有一定启示,在这些运动中,少数极端分子能够从更广泛的人口中获得相当比例的支持。

消费者行为

企业自然热衷于了解是什么因素会影响消费者去购买它们的产品。虽然产品的内在质量通常是重要的,但朋友、家庭、广告、时尚和一系列其他社会因素的影响也很重要。为了考察这些因素之间复杂的相互作用,一些研究人员已经开始使用基于行动者模型,其中的行动者代表消费者。在这些研究中,第一个报告该类模型的是雅格(Jager, 2017)以及詹森和雅格(Janssen & Jager, 1999),他们探讨了导致消费者市场"锁定"的过程。当在几个竞争性产品中的一个取得了主导地位,以至于个体消费者很难转向使用其他竞争者的产品时,锁定就发生了。常见的例子是 VHS 录像带(超越了Betamax)、QWERTY 键盘(超越了其他按键布局)、(脸书Facebook)等社交媒体平台,等等。詹森和雅格关注导致锁定的行为过程,因此他们为被他们称为"消费者"的行动者制定了决策规则,这些规则在心理上是合理的,并在社会比较和模仿等行为理论方面得到了仔细论证。

康古尔等人(Kangur, Jager, Verbrugge, & Bockarjova, 2017)在混合动力汽车与电动汽车市场扩散方面的研究是使用消费者方法的一个例子。基于从 1 795 名受访者那里收集到的关于他们的驾驶行为、对电池充电时间的态度、电池续航时间、对环境的关注、社会敏感度、之前对购买汽车的参与等的详细数据,构建了一群消费行动者,每个受访者就是一个行动者。该模型的实验表明,有效的政策需要长期实施货币、结构和信息措施组合,支持电动汽车而不是混合动力汽车的政策的减排效果最强。

另一个为消费者建模的例子是伊斯奎多夫妇(Izquierdo & Izquierdo, 2007)的研究,作者考虑了像二手车市场这样的市场,其中存在质量变异性(不同物品的质量不同)和质量不确定性(在购买和使用物品前很难了解其质量)。该研究探讨了质量变异性是如何损害市场并影响消费者信心的。这里有两个行动者角色:买方和卖方。卖方通过计算他们可以接受的最低价格出卖商品,而买方则根据商品的期望质量提供一个价格购买商品。期望的质量是基于经验,要么来自行动者自己的经验,要么来自行动者在其社会网络中的同行的经验积累。系统中的商品数量有限,买方和卖方每轮进行一次交易,每轮交易完成后市场就被清空。社会网络是通过随机连接一对行动者来创建的,用一个参数来调整连接的数量,从完全连接到完全不连接。

研究者发现,如果没有社会网络,消费者信心就会降到市场无法再维持的临界点之下,而有了社会网络,行动者自身经验和其他行动者更积极的集体经验(没有较大波动)的积累将有助于维持市场的稳定。这表明社会信息可以将群体经验积累到一个更准确的水平,从而降低单个个体不良经验的重要性,亚马逊、易趣和其他在线商家提供的客户评论就是一个例子。

产业网络

大多数经济理论忽略了企业间联系的重要性,但有很多产业部门的例子可以说明网络具有明显的重要性。一个著名的例子当属意大利北部的工业区,如普拉托(Prato)的纺织品生产区。工业区的特点是大量的小公司聚集在一个较小区域内,它们生产相同类型的产品,相互之间有很强但又多样的联系。这些联系可能是供应商和客户之间的联系,可能是共享技术的合作关系,可能是金融关系,或只是朋友或亲属关系(Albino, Giannoccaro, & Carbonara, 2003; Boero, Castellani, & Squazzoni, 2004; Borrelli, Ponsiglione, Zollo, & Iandoli, 2005; Brenner, 2001; El-Tawil, Fang, Aguirre, & Best, 2017; Fioretti, 2001; Squazzoni & Boero, 2002)。

另一个例子是在知识密集型部门(如生物技术和信息技术部门)普遍存在的"创新网络"。这些部门的公司并不总是在地理上聚集(尽管往往集中在某些地方),但它们确实与其他类似的公司有很强的网络联系,与它们共享知识、技能和技术。

例如,吉尔伯特、派卡和阿威勒(Gilbert, Pyka, & Ahrweiler, 2001)开发了一个创新网络模型,其中行动者拥有象征其知识和专业储备的"kenes",kenes被用来研发新产品,并将其销售给模型中的其他公司。然而,只有当一个产品的组件可以从其他公司购买,并且有一些公司想要购买这个产品时,它才能被生产。因此,在某种程度上,该模型是一个产业市场模型,产业市场由相互进行贸易的公司组成。另外,公司可以通过内部研发或合作从其他公司获得知识来改进它们的产品。改进的知识可以用来生产产品,这些产品会销售得更好,或只需要更少或更便宜的零部件。在这个层面上,该模型类似一个可以通过一种自然选择(参见第 2 章第 5 节)进行学习的群体。其中那些找不到客户的公司将停止交易,而适者生存,与其他公司合作,并生产出包含其母公司最佳方面的分拆产品(Ahrweiler, Pyka, & Gilbert, 2011; Ahrweiler, Schilperoord, Pyka, & Gilbert, 2014, 2015; Pyka, Ahrweiler, & Gilbert, 2004; Watts & Gilbert, 2014b)。另一个例子,见帕亚雷斯、赫尔南德斯-伊格莱西亚斯和洛佩茨-帕雷德斯的研究(Pajares, Hernández-Iglesias, & López-Paredes, 2004)。

供给链管理

制造商通常从其他组织那里购买零部件,并将他们的产品卖给分销商,然后再卖给零售商,最终,产品到达用户手中。而用户可能没有意识到为交付产品而必须协调的复杂的组织间关系。当产品涉及更多的部件,需要在全世界范围内更广泛地进行调拨,以及当管理者试图减少库存、增加货物可用性时,最大限度地提高连接企业的供给链的效率越来越重要,也越来越困难。对供给链建模是研究订单完成过程和考察公司管理政策有效性的一个好方法。基于行动者模型被越来越多地运用于这类研究。

基于行动者模型很适合模拟供给链的任务,因为供应链涉及的企业可以被建模为行动者,每个企业都有自己的库存规则。它也很容易模拟产品在链条上的流动以及信息的流动,如订单数量和从一个组织到另一个组织的交货时间。这是施崔德、林和肖(Strader, Lin, & Shaw, 1998)采用的方法,他们描述了一个模型,该模型是为了研究信息共享在不同的装配供给链中的影响。分散型组装供给链在电子和电脑产业中较为典型,是指少数供应商提供材料和子部件(如电子设备),用来组装一系列通用产品(如硬盘驱动器),然后在分销点组装成定制产品。施崔德和他的同事比较了三种订单执行政策:(1)按订单生产,即由客户订单触发生产;(2)按订单组装,即部件已完成制造,并存放在库存中,只有最后的组装是由订单触发;(3)按库存生产,即因库存水平低于阈值而驱动生产。他们还试验了组织之间不同数量的信息共享,发现在他们模拟的分散型装配供给链中,按订单组装的策略,加上供给链上各组织间的供需信息共享,是最有效率的。他们还指出,研究结果强化了信息可以代替库存的一般观点。如果可以掌握准确的信息,就能降低关于需求的不确定性,因此满足订单所需的库存水平也能相应降低。

电力市场

在许多发达国家,近年来电力供应已被私有化。现在常见的情况是,两三个电力公司先将电力卖给一些分销商,然后这些销售商再将电力卖给商业或家庭用户。从垄断的国有或国家管制的供应商到几家供应公司通过竞标进入市场的转变，已启发了一系列基于行动者模型，这些模型旨在预测市场法规的影响、供应商和购买者数量和类型的变化，以及旨在减少停电的次数或减小发电对环境的影响等的政策变化（Bagnall & Smith，2005；Batten & Grozev，2006；Bunn & Oliveira，2001；Guerci，Rastegar，& Cincotti，2010；Koesrindartoto，Sun，& Tesfatsion，2005；Ringler，Keles，& Fichtner，2016）。

　　在这些模型中，行动者是供电公司，它们向模拟市场提出报价，在某一时期（如一天或一个小时）以某种价格提供一定数量的电力。这也是真实电力市场的运行方式：公司提出供应报价，最佳报价被接受（不同市场对最佳报价的含义有不同的规定）。通常情况下，对电力的需求是不断变化的，所以供电公司很难设定一个能使其利润最大化的电力价格。另一个复杂的问题是，发电成本可能是非常非线性的：匹配高峰用电需求可能意味着启动一个只使用几小时的电力站。

　　通过运行模拟，人们可以研究市场价格降到接近发电的边际成本的条件、减少供电公司数量的合并的影响，以及具有不同类型的市场设计的后果，例如允许期货交易。目前大多数的模型允许行动者使用一种被称为"强化学习"的技术来学习交易策略（见第 2 章第 1 节"学习的行动者"部分）。一个供应商行动者开始使用从所有供应商共同的集合中随机选择的定价策略进行投标。如果出价被接受并且有利可图，这个策略的价值就会被强化，在类似情况下被再次使用的概率会增加，但是如果它不成功，再次使用的机会就会减少（Sutton & Barto，2018）。

政策建模

计算机模型正在越来越多地被国家、地区和地方政府用于制定和评估公共政策,也被公司用于审查战略选择。例如,政府经常使用模型评估税收改革的分配影响(Sutherland & Figari, 2013)、指导旨在减少空气污染的政策(Ghazi, Khadir, & Dugdale, 2014)、规划新的道路和运输政策(Bazzan & Klügl, 2014)、测试疫苗接种策略以防范大流行病(Waldrop, 2017),以及量化洪水风险(Dubbelboer, Nikolic, Jenkins, & Hall, 2017),其中一些模型是基于行动者模型,随着该模型在政策分析人员中的知名度提高,它在公共政策制定中可能会变得越来越重要。

公共政策的制定和实施经常被描述为 ROAMEF 循环,这是一个过程,在这个过程中,将决定提出政策的理由,设定政策目标,对备选方案进行评估,实施和监督政策,评估政策效果,以及根据反馈改进政策。这些步骤会被无限地重复。尽管与政策制定的混乱现实相比,这种描述不仅非常理想化,而且在某种程度上已被替代性方法所取代(Cairney, Heikkila, & Wood, 2019),但它有助于说明模型如何以及何时可以发挥作用:在理由、评估和评价阶段。在为一项政策制定理由时,可以用模型来评估可能的结果,并发现潜在的意外后果。在评估阶段,模型可以用来比较替代性方案实施的成本与收益,并评估每个选项的弹性,也就是说,如果政策环境发生了意想不到的变化,政策的耐受力如何。为评估一项政策的影响,需要知道如果该政策没有实施会发生什么,以便与该政策的实际结果进行比较。这意味着必须要有反事实。反事实通常在如下情况下能够被观测到：通过仅在某些地区（或仅对某些人群）实施该政策，而对其他地区或人群没有影响。然而，由于实际或道德的原因，反事实很难做到。取而代之，可以通过使用一个模型来模拟一个没有政策的政策领域，从而创建一个虚拟的反事实，与已实施政策的效果进行比较。

在政策背景下，模型作为一种沟通手段也很有用。政策制定通常涉及对政策领域感兴趣的许多利益相关者。例如，一项农业政策可能会影响土地所有者、农民、农场雇员、食品批发商和食品零售商、利用农村地区开展休闲或商业活动的商人等，还有政治家、工会和环保组织。每个群体都可能有不同的专业知识和不同的利益。同这些利益相关者的代表一起开发一个模型，可能有助于澄清他们之间在观点和利益上的差异，并有助于改进模型。

参与式和陪伴式建模

基于行动者模型已经被成功地运用到第三世界国家的农村地区，帮助这些地区对稀缺自然资源（如灌溉用水）进行管理。这种对基于行动者模型的神奇运用是因为它们与"参与式"（或参与性）研究方法相匹配。除了应用于研究，基于行动者模型还被用于对协商和决策的支持，以及对培训的支持，例如对塞内加尔的农民（D'Aquino, Bousquet, Le Page, & Bah, 2003）、法国中央高原护林人和农民（Étienne, 2003；Étienne, Cohen, & Le Page, 2003），以及南太平洋基里巴斯(Kiribati)环状珊瑚礁上居民的培训(Dray et al.，2006)。

这种方法也被称为"陪伴式建模"(Barnaud，van Paassen，Trébuil，Promburom，& Bousquet，2010；Barreteau，2003；D'Aquino，Barreteau，& Le Page，2003；Étienne，2014；Ruankaew et al.，2010)，建立一个基于行动者系统，这个系统与从当地人中选出的被调查者有密切联系。第一步，可以对被调查者进行采访，了解他们对情况的理解，然后他们参加到一个角色扮演游戏中。最终，当获得足够的知识之后，就会创建一个计算机模型，并与参与者一起使用，作为培训的辅助工具或作为协商的支持，可以回答"如果……将会……"的问题，该问题与可能的决定相关。

例如，为了理解为什么塞内加尔河谷灌溉计划的结果令人失望，巴瑞特、布斯凯和安通纳提等人(Barreteau，Bousquet，& Attonaty，2001)介绍了参与式模型的使用。他们开发了一个角色扮演游戏(RPG)和一个被称为"SHADOC"的基于行动者系统，用以代表不同利益相关者之间的互动，这些利益相关者都参与了将水资源分配到灌溉区内可耕种地区的决策制定过程。在这个例子中，首先开发了基于行动者模型，然后将其主要内容转换为角色扮演游戏(其中玩家相当于基于行动者模型中的行动者)，这种做法部分是为了检验基于行动者模型，部分原因则是角色扮演游戏在农村环境中更容易使用。作者将这种方法的价值总结为"加强游戏参与者之间的讨论"，并使"在田野中遇到、由每个人单独知道的问题被转变成共同的知识"(Barrreteau et al.，2001)。

第 3 节 | 基于行动者模型的特征

以上选取的例子在展现基于行动者模型当前应用范围的同时，也为呈现基于行动者模型的某些特征提供了例证（Windrum，Fagiolo，& Moneta，2007）。

本体论的对应关系

模型中的计算机行动者与现实世界中的行动者之间可以有直接的对应关系，这使得设计模型和解释结果比基于方程的模型更加容易。例如，一个商业组织的模型可以包含代表雇员、客户、供应商和其他重要角色的行动者。在每种情况下，模型可能包括一个代表整个类别的行动者（如雇员），或者也可能是每个单独的行动者代表一个雇员，这取决于雇员之间的差异有多重要。上面描述的电力市场模型中，每个行动者都代表市场上的一个主要参与者。

异质的行动者

经济学和组织学理论都会做简化假设，即认为所有行动者在最重要的方面都是相同或相似的。例如，它们处理的是典型的公司、代表性行动者,或经济上理性的决策者。行动者的偏好可能有差异,但遵循不同行为规则的行动者是不常见的。即使允许遵循不同行为规则,自行其是的行动者数量也很少。因此,我们有充分的理由认为,除非行动者是同质的,否则分析性的解决方案是很难或不可能找到的。计算机模型避免了这种限制:每个行动者都能根据自己的偏好,甚至依据自己的行动规则来行事。在供给链模型中能找到这样的一个例子,其中每个企业可以有自己的策略来控制库存。

环境代表性

在基于行动者模型中,有可能直接表示行动者所处的环境。这可能包括物理环境(如行动者必须克服的物理障碍和地理障碍)、周围位置上其他行动者的影响,以及诸如拥挤和资源耗竭等因素的影响。例如,吉布利特(Gimblett,2002)和他的同事对加利福尼亚州内华达山脉中的背包客运动进行建模,以考察管理政策在帮助维持这一地区的荒野方面的效果。行动者模拟了在一个与地理信息系统相连的景观区域中的徒步旅行,该系统模拟了该地区的拓扑结构。在上一节提到的工业区模型中,环境也发挥了重要作用。

行动者互动

基于行动者建模的一个重要优势在于,它能够模拟行动者之间的互动。在最简单的情况下,这些互动可以包括从一个行动者到另一个行动者的数据传输,尤其是当另一个行动者就在模拟环境中的附近位置时。在适当的情况下,这些互动会更复杂,涉及用某些语言构成的信息传递,其中一个行动者建构一种"言辞",另一行动者对这种言辞进行解释(但这并不意味着一定会获得与述说者意图相同的意思)。舆论动力学模型(第 1 章第 2 节"舆论动态"部分)是一个很好的例子,说明在基于行动者模型中互动的重要性。

有限理性

许多模型隐含地假定它们所模拟的行动者是理性的,即他们都是按照一套合理的规则行事,以优化他们的效用或福利。(另一种方法是将行动者模型化为随机地或非理性地行动,即以一种不会优化其福利的方式去行动。两种方法在一些模型中都占有一席之地。)一些经济学家,特别是那些使用理性选择理论的经济学家,被指责为假设的个体是超理性的,也就是说,人们为了选择最佳的行动方案,会进行一长串复杂的推理,甚至人们有能力遵循无限延伸的逻辑链进行下去。西蒙(Simon,1955)等人批评这是不现实的,并提出行动者应该被模拟为有限理性的,即他们的认知能力是有限的,因此他们能够优化自己的效用的程度也是有限的(Kahneman,2003,2011)。基于行动者模型使创建有限理性的行动者变得容易了。事实上,挑战通常并不是限制行动者的理性,而是将他们的智力提升到可以做出与人一样复杂的决策。然而,在一些情况下,比如在股票市场建模中,人们发现具有极少理性(或零智商)的行动者的群体行为与宏观层面被观察到的行为惊人地吻合(Farmer,Patelli,& Zovko,

2005；Poggio，Lo，LeBaron，& Chan，2001)。

学习

　　基于行动者模型可以模拟个人和群体层面的学习。学习可以通过以下三种中的一种或全部进行建模：(1)个体学习，即行动者从自己的经验中学习；(2)群体学习，即行动者集体学习，一些行动者的"消亡"并被更好的行动者所取代导致群体平均水平的提高；(3)社会学习，即一些行动者模仿或被其他行动者教导，导致单独积累但分布在整个群体中的经验的分享(Gilbert et al.，2006)。上面总结的创新网络模型是一个含有学习模型的例子：个别创新型企业学习如何制造更好的产品，因为表现不佳的企业会破产，并被更好的新企业取代，所以该部门可以通过学习来改善其表现。

第4节 | **其他相关建模方法**

上一节回顾了基于行动者模型在某些领域的作用。然而,基于行动者模型并不适合每一项建模任务。在开始一个新的研究项目之前,值得考虑的是替代性方案。本节将介绍社会科学中使用的三种不亚于基于行动者建模的建模方式:微观模拟、系统动力学和离散事件模拟。

微观模拟

微观模拟从描述以个人、家庭或组织为样本的大型数据库开始,然后运用一些规则来更新样本成员,就如时间在向前推进。例如,数据库可能来源于一个具有代表性的全国家庭调查,包含了家庭成员的年龄、性别、教育水平、收入、职业和养老金安排等变量的数据。这些数据将与调查进行时的特定时期相关。微观模拟允许询问样本将来可能的状况。例如,人们可能想知道样本中有多少人在五年后会退休,这将如何影响收入的分配。如果我们有关于在一年中个人情况可能发生变化的某些规则,那么这些规则可以应用于样本中的每个人,以发现在调查后的第一年结束时可能发生的变化。然后,同样的规则可以被重新应用,以得出两年后的样本状态，以此类推。在进行了这一衰老过程后，可以计算出整个样本的总体统计数据（例如，收入分布的均值和方差，可以与调查时的分布进行比较），并推断出样本所在的总体会发生什么变化（Li & O'Donoghue，2013；O'Donoghue，2014；Orcutt，Quinke，& Merz，1986；Rutter，Zaslavsky，& Feuer，2011；Sutherland，Paulus，& Figari，2014）。

微观模拟已经被用于评估社会保障、个人税收和养老金变化的分配影响。例如，它有助于评估改变收入门槛的效果，低于该门槛，就能获得政府补助金，更普遍的是，评估税收对收入不平等的影响（Jara & Tumino，2013；Sutherland & Figari，2013）。实验原型也被开发出来，其中有多个数据库，不仅描述了个人，也描述了公司，而且衰老过程不仅受个体特征的影响，也受宏观经济变量的影响，如通货膨胀和国内生产总值（GDP）的增长。

微观模拟模型的一个优点在于，它们不是从假设的或随机产生的行动者开始，而是从一个真实的样本开始，如抽样调查所描述的那样。因此，与基于行动者模型相比，从微观模拟的结果中读取信息，对真实总体的未来状态进行预测是相对容易的。但是也存在两个主要的不足。第一，衰老过程需要非常详细的过渡矩阵，规定目前处于某种状态的行动者在下一年改变为其他状态的概率。例如，我们需要知道目前有工作的人在一年后失业的概率。另外，由于这种过渡概率在男人和女人、有孩子和没有孩子的女性、年轻人和老年人等之间几乎肯定是不同的，所以我们需要的不是一个单一的概率值，而是一个条件概率矩阵，每个个人情况的组合都有一个矩阵。获得这种过渡矩阵的可靠估计可能是非常困难的,需要根据大量的数据进行估计。第二,每个行动者都单独地衰老,并被视为在世界中是孤立的。微观模拟不允许行动者之间有任何互动,通常没有空间或地理的概念。因此,很难考虑到这样的发现,即如果一个人失业,如果这个人生活在一个失业率高的地区,那么此人获得工作的机会就会降低。

系统动力学

在系统动力学建模方法中,人们创建了一个模型,表达变量之间的时间因果关系,但并不直接代表行动者。最早和最著名的例子之一是福雷斯特(Forester)的世界模型,这个模型被用来预测未来的人口水平、日益严重的污染和自然资源的消耗率(Forester,1971)。顾名思义,系统动力学就是对相互作用的变量系统进行建模,并能够处理直接的因果关系,如人口增加导致资源消耗的增加;以及反馈回路,如人口增长取决于食物供给,但食物供给又取决于人口水平一样(Sterman,2000)。

用图表来表示系统动力学模型通常是很方便的,图表中箭头代表变量之间的因果联系。图 1.2 显示了一个虽然简单但典型的生态系统模型,其中,羊的繁殖与它们的数量成正比,狼吃羊,但如果羊太少,狼就会饿死。矩形框代表羊和狼的存量,水龙头一样的符号是流入和流出存量,而菱形是控制流动速度的变量。羊的数量随着羊的出生而增加。这种情况发生的速度由恒定的羊的出生率决定。图中显示,羊的死亡速度是活羊数量(从羊的存量到标有羊死亡的流量控制的弯曲箭头）、狼抓羊的概率（从捕食率变量中出来的箭头）和狼的数量（从狼的存量中出来的箭头）的函数。尽管这个演示模型涉及的是假想的狼和羊，但类似的模型也可以为有社会学趣味的话题建构出来，如非法毒品使用者和缉毒人员的数量、公共卫生流行病，以及犯罪的蔓延等（Homer & Hirsch，2006；Jacobsen & Hanneman，1992；McMillon，Simon，& Morenoff，2014）。

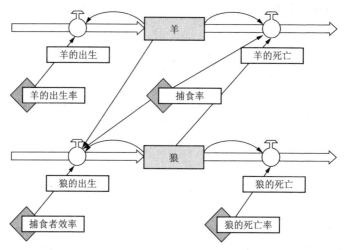

资料来源：Wilensky, U.（2005）. NetLogo Wolf Sheep Predation（System Dynamics）model, http://ccl. northwestern. edu/netlogo/models/WolfSheepPredation（System Dynamics）。Center for Connected Learning and Computer-Based Modeling, Northwestern University, Evanston, IL.

图 1.2　简单生态系统的系统动力学模型，基于洛特卡-沃尔泰勒方程（Lotka-Volterra Equations）的狼吃羊模型

系统动力学是基于对一组同步的微分方程或差分方程的评估。每个方程都是根据当前时间步长的其他因果变量的值计算下一个时间步长的变量值。如 Stella（http://www. iseesystems.com）和 NetLogo（http://ccl. northwestern. edu/

netlogo/,在第 4 章有详细描述)这样的软件能够帮助绘制图形,并且也能够通过运算这些方程来执行模拟。

与基于行动者模型相比,系统动力学方法处理的是一个总体,而不是单个行动者。例如,在狼和羊的模型中,模拟程序将计算出在每一个时间步长的羊的总数,但不代表每只羊。这样就很难对行动者之间的异质性进行建模;虽然原则上来讲,每一个不同类型的行动者都可以有一个独特的种群(例如,白羊的种群、黑羊的种群、斑纹羊的种群等),但是在实践中,如果有多个不同类型,该模型就会变得极其复杂。在系统动力学模型中,也很难呈现行动者基于过去经验、记忆或学习的行动。另一方面,由于它们处理的是集合体,因此系统动力学方法适用于那些有大量行为相似的行动者群体的议题。因此,对于福雷斯特的全球经济模型而言,系统动力学是一个合适的方法,因为在这个模型中,个体行为并不重要,重点是作为整体的世界状态。

离散事件模拟

在典型的基于行动者模型中,时间被划分为时间段(例如,一天或任意的时间单位),模拟以恒定的速度进行,每次都模拟时钟上的刻度。然而,对于某些模型而言,这是一种浪费且不直观的方法。例如,在一个机场值机柜台的排队模型中,大部分时间都没有任何事情发生:排在队首的行动者与值机工作人员对话,而队列中的其他人只是在等待。另一种方法,就是离散事件法,模拟时钟并不是以恒定速率向前推进,而是从一个事件(例如,一个乘客已经办理登机手续)到下一个事件(下一个乘客已经办理登机手续)。在这个例子中,其他类型的事件可能是一个新乘客到达队列的尾部,以及工作人员离开值机柜台去喝咖啡休息。在事件之间,被建模的系统被认为是固定不变的,每个事件都会改变系统的状态。

除了队列和事件,离散事件模拟的其他元素还有门(允许行动者离开队列)和服务器(它在一个时间段内服务行动者,例如,在飞机值机例子中的值机柜台人员就充当服务器)。模拟器有一个事件列表,每个事件都有一个相关的时间,按时间顺序排序。模拟器会从列表中挑选下一个事件,并模拟其发生,这可能会产生进一步的定时事件,并将其放在事件列表中。模拟将会一直持续到事件列表变空为止。

离散事件模拟(Banks, Carson, Nelson, & Nicol, 2010; Robinson, 2004)在人们需要对一个过程进行建模时非常有用,在这个过程中,有一些行动者持续在队列中,直到事件发生。除了对人的队列进行建模之外,离散事件模拟还可用于对工厂生产流程进行建模以检测障碍物,对医院建模以考察减少病床数量对患者接待数量的影响,对交通建模以显示交通信号灯排序的结果,以及其他许多问题,其中所关注的是行动者或实体的流动。

尽管在传统离散事件模拟中,行动者或实体是被动的对象,仅仅在事件发生时有所行动,但现在许多离散事件模拟接近于基于行动者模型,唯一的区别是事件调度程序的使用,而不是固定的时间步长(Lawson & Park, 2000)。

第 2 章

行动者、环境和时间尺度

　　我们在第 1 章中指出,基于行动者模型是由一组在环境中行动的行动者组成的。在本章中,我们首先展示如何设计基于行动者模型。

第 1 节 | **行动者**

行动者通常具有下列所有或大部分的特征：

第一，感知。它们可以感知所处的环境，可能包含在行动者附近存在的其他行动者。在编程方面，这意味着行动者具备一些方法来确定哪些物体和行动者位于其附近。

第二，性能。它们有一套能够执行的行为。这些行为通常包括如下内容：(1)运动。它们可以在一个空间（环境）内移动。(2)交流。它们可以发送信息给其他行动者，也可以从其他行动者那里接收信。(3)行动。它们能与环境互动，例如，拿起食物。

第三，记忆。它们有记忆，记录了它们对以前状态和行动的看法。

第四，政策。它们有一套规则，启发式算法或策略，决定了在他们目前状态和他们的历史条件下，将要执行什么行为。

行动者可以通过许多不同的方式出现。

作为对象的行动者

几乎所有的基于行动者模型都是用面向对象的编程语

言建立起来的,如 Java、C++、Python,甚至 Visual Basic。这本书无法教授你面向对象的编程,但是由于面向对象的编程思想对基于行动者建模非常重要,所以这里简单介绍一下它的主要特点。

面向对象的编程将程序开发为对象的集合,每个对象都有自己能够做的一套事情。对象能够在自己的属性里面存储数据,能够传送消息给其他行动者,并且有决定它如何处理数据的方法。面向对象的一般编程的优势在于,它提供了高水平的模块化,例如,关于对象的编程方法如何运作的细节可以被改变,与此同时也不会干扰程序的其他部分。基于行动者建模的另一个优势在于,行动者和对象的概念之间有一种亲和力:将每个行动者作为一个对象来编程是很自然的。

在面向对象的编程中,有几个基本概念:

(1)类别(class)是一个对象的抽象规范,包括对象的属性和方法。例如,一个程序可能包含了一个被称为"公司"的类别,以代表在经济模型中的公司。一个公司可能具有一系列属性,比如资本化、员工数量和销售产品种类等。该公司也可能拥有一些方法来描述将公司的产品卖给客户,以及从供应商(可能是模型中的其他公司)那里购买原材料的过程。类别可以被专门化以形成更多具体类别。例如,一般的公司类别可以被专门化为制造公司和销售公司。每个专门的类别都继承了更抽象的类别的属性与方法,而且可以增加新的属性和方法,或超越了其所继承的属性和方法。例如,制造型类别需要确定从单位体积的材料中可以制造的产品体积的方法,但销售型类别可能就不需要这种方法。

（2）随着程序的运行，类别被实例化以形成对象。例如，制造型类别可能被实例化以产生两个对象，一个代表 XYZ 公司，另一个代表 ABC 公司。虽然这两个对象有相同的方法和属性，但它们的属性值（例如，名称、尺寸、产品类型）可能是不同的。一个对象的方法可以向另一个对象发送消息，从而影响另一个对象的状态。例如，XYZ 对象的一个方法可能向 ABC 对象发送一个消息，要求它出售一些产品；ABC 对象的一个方法可能会回应它希望出售产品的数量和价格。

正如这个总结所表明的，从面向对象的编程到基于行动者建模只是一小步。人们为每种类型的行动者建立一个类别，设定属性使行动者保持当前的状态，添加合适的方法来观察行动者的环境，并根据一些规则来执行行动者的行动。此外，我们需要编写一个调度程序，在模拟开始时实例化所需数量的行动者，并让它们中的每一个轮流行动。第 4 章包含一个构建此类模拟的例子。

生产规则系统

正如我们在上一节所指出的，大多数模型中的行动者需要有能力去感知它们的环境状态，接受来自其他行动者的信息，依据当前状态去主动选择要执行的行为，并向其他行动者发送信息。实现这些的方法之一是赋予行动者以下要素。

（1）一套行为规则。这些规则决定行动者将要做什么。根据行动者的当前状态，将从这套规则中选择一个或多个规则。这种规则通常被称为"条件-行动"规则，因为它们同时包含了条件部分（如果要使用该规则，必须是真实的）和行动部分(为了执行规则,将做什么)。比如,一个这样的规则可能是"如果我看到附近有食物,那么我将向它移动一步"。

(2)一个工作存储器。这将由储存了行动者当前状态的变量组成。例如,工作存储器可能储存了行动者的当前位置和能量储备。

(3)一个规则解释器。这是一些程序代码,使用工作存储器来选择哪条规则应该被激活,被启动。它可能需要处理多条规则的条件部分得到满足的情况,因此需要一些在规则间进行选择的方法。

(4)一个输入过程。这将从环境中收集信息和感知,将它们存储在工作存储器中,并通过规则处理它们。

(5)一个输出过程。这将把信息传递到环境中,在此过程中,传递给作为预期接收者的行动者。

这种安排被称为"生产(规则)系统"[production(rule) system],而这些规则是生产规则(Nilsson,1998;Russell & Norvig,2010)。生产系统的要素与以上述行动者的理想特征之间的对应关系应该是很清晰的。相对简单的生产系统可以通过诸如Jess(the Java Expert System Shell)这样的工具包来构建(Friedman-Hill,2003)。

学习的行动者

在迄今为止所提到的大多数模型中,行动者都不具备从经验中学习的能力。由生产规则系统驱动的朴素的行动者拥有一个内存,其中记录了它们当前和过去的状态,因此,它们可以在环境中"学习"环境的状态。但通常我们所说的"学习"的意义远不止于此。"学习"的一种类型是学习更有效的规则，然后改变自身的行为作为学习的结果。

强化学习（reinforcement learning，RL）类似于我们在探索一个新城市时，通过反复试错的方式找到一个旅游景点：你尝试进入一条街道，如果它看起来有希望能找到景点，你就继续，如果没有希望，你循原路返回再尝试另一条。进行强化学习的行动者会有一种状态（例如，他们当前的位置）和一组可能的行动集合（例如，向东南西北移动一个单元格）。环境的设置使其最终也将提供奖励（到达景点时的喜悦）。行动者必须找到一个能使回报最大化的策略（Maini & Sabri，2018；Sutton & Barto，2018）。在通往目标的道路上，通常每多走一步都会减少最终的奖励，所以目标并不仅仅是找到奖励，而是要用最有效率的方式去实现它。行动者会尝试很多次以找到最佳策略、探索不同的路线，所以，设计强化学习算法的问题之一就是在探索（尝试新的路线，但可能是低效和浪费时间的）和利用（维持旧的路线，但可能并不是最好的方法）之间的平衡。强化学习已经被用于模拟了解客户偏好的公司（Sallans et al.，2003）、组织的决策制定（Sun & Naveh，2004）以及其他现象。一些研究者已经使用简单的强化学习模型来解释和预测人类实验博弈论中的行为（例如，Chen & Tang，1998；Erev & Roth，1998；Flache & Macy，2002；Izquierdo，Izquierdo，& Gotts，2008）。

强化学习非常适用于环境和奖励结构在模拟运行期间保持不变的问题。另一方面，如果环境是动态的，特别是如果所有行动者都在学习，而且一个行动者的行动会影响到其他行动者的状态和奖励，那么强化学习就会表现不佳。

认知模型

虽然相对简单的行动者,其行为由条件行动规则或者生产系统来定义,往往能起到很好的作用,但也有可能设计出根据更符合人类认知的心理学或社会理论做出决定的行动者(An,2012;Balke & Gilbert,2014;Groeneveld et al.,2017)。

信念-欲望-意图模型

信念-欲望-意图(Belief-Desires-Intention,BDI)模型最初是基于哲学家布拉特曼(Bratman,Israel,& Pollack,1988)所表达的观点,是最流行的行动者决策模型之一。与生产规则系统相比,BDI背后的想法是,行动者有一种心理状态作为他们推理的基础。正如其名称所暗示的,BDI模型以三种心理态度为中心:信念、欲望和意图。

信念是行动者对世界的内在化信息。这些信念不需要与现实一致(例如,这些信念可能是基于过时的或不正确的信息),只需要行动者认为自己的信念是真实的。欲望是行动者可能想要完成的所有可能的事务状态。目标是行动者积极希望实现的欲望的子集(Dignum,Kinny,& Sonenberg,2002)。意图是对实现某一特定目标的特定行动方案(通常被称为"计划")的承诺(Cohen & Levesque,1990)。

这些组件由一个计划库来补充。计划定义了关于低层次行动的程序性知识,这些行动预计将有助于在特定情况下实现目标,并由定义如何行动的步骤组成。行动者可以动态地对它们的计划进行推理。此外,它们也可以对自己的内部状态进行推理，也就是说，行动者可以反思自己的信念、欲望和意图，并在必要时对它们进行修改。

在每个推理步骤中，BDI 行动者的信念会根据其感知进行更新。BDI 中的信念通常表示为一阶逻辑的原子公式。要实现的意图被推入一个堆栈，称作"意图堆栈"。这个堆栈包含所有等待实现的意图。然后，行动者在其计划库中搜索任何具有与意图堆栈顶部的意图相匹配的后置条件的计划。根据行动者的信念，任何满足前提条件的计划，都被认为是其行动和意图的可能选项。从这些选项中，行动者选择与其目标最相关的计划。基于这些目标和计划，行动者的意图被生成、更新，然后转化为行动，由行动者执行。

举个例子可以更清楚地说明这一点。假设我们有一个模型，其中的行动者需要通过寻找能量源来维持它们的能量水平，而这些能量源在环境中是随机分布的。生产规则系统或许会有一些规则，让行动者在一个随机的方向上移动，察觉到能量源的存在，并对能量源进行挖掘。行动者是根据它所做的事情来定义的。相比之下，一个 BDI 行动者将拥有保持其能量水平的目标、对能量源位置的信念、从发现的任何来源来获得能量的意图，以及关于如何移动和找到能源后如何行动的计划。虽然在实践中，生产规则（反应性行动者）和 BDI（意向性行动者）可能会执行完全相同的行动，但 BDI 行动者的设计并不是以它所做的事情为标准，而是以它想要什么以及如何实现它的愿望为标准（Caillou, Gaudou, Grignard, Truong, & Taillandier, 2017）。

使用 BDI 实现的创意性应用之一是 NASA"发现"号航天飞机上反应控制系统的监测和故障检测系统（Georgeff &

Ingrand，1990）。为此，NASA 设计出了 100 个计划和 25 个以上的元级计划（包括 1 000 多个关于它的事实）。从那时起，BDI 行动者也被用于更多的心理学启发研究。它们构成了一个类似于儿童推理的计算模型基础，即儿童意图、信念和行为推理，也被称为 CRIBB（Wahl & Spada，2000），并且还被用来开发一种康复策略——教育自闭症儿童对他人进行推理（Galitsky，2002）和商业游戏的康复策略（Farrenkopf，Guckert，Urquhart，& Wells，2016）。

BDI 行动者与那些基于生产规则系统的行动者不同，BDI 行动者通常有持续的目标。这意味着，如果一个行动者由于某种原因无法通过特定的意图来实现目标，那么它能够在当前的环境中重新考虑该目标（自从行动者选择了最初的行动方案，这个环境很可能也已经改变了）。在新的环境中，BDI 行动者能够尝试找到一个新的行动方案来实现它的目标。只有当目标已经实现或被认为不再相关时，行动者才会放弃该目标。关于使用 BDI 行动者对人类行为进行建模的详细讨论可以在诺林（Norling，2014）的研究中找到。

规范性行动者

BDI 行动者之所以行动，是因为它们的一套信念的变化和实现某一特定事态的欲望的建立（然后行动者以它们想要执行的计划的形式选择具体的意图）。行动者的行为完全由内部动机所驱使，如它们的信念和欲望。规范性行动者（Normative agents，NoA）也关注社会规范，即被社会群体接受并管理该群体的行为标准。与信念和欲望相反，规范是外在于行动者的，并在行动者所处的社会/环境中确立起来。重视这些规范的行动者被称为"规范管理的行动者"，或者是"规范性行动者"。关于 NoA 行动者的两个例子包括 EMIL 项目中的个体(Andrighetto et al.，2013；EMIL Project Consortium，2008)以及 NoA 行动者(Kollingbaum & Norman，2004)，两者都将规范的概念扩展到了法律规范中(Boella，van der Torre，& Verhagen，2007)。

EMIL 主要关注的是接受和内化哪些规范的决定，以及这种内化的效果。事实性知识(事件)以及规范性知识(规则)会被行动者区别对待，对于这些不同类型的知识，行动者都有一个单独的环境接口。行动者也有两种记忆：(1)对于事实和事件的事件板，以及(2)用于从事件板中推断和存储规则的规范性框架。行动者参与规范认知、规范采纳和作出决策，然后进行规范性行动规划。行动者在这一过程中使用的方法类似于 BDI，但其中的信念、目标和意图都基于社会规范(Andrighetto，Campennì，Conte，& Paolucci，2007)。

科林鲍姆和诺曼(Kollingbaum & Norman，2003)的 NoA 设计使用了更广泛的规范定义，包括组织概念和来自正式的法律系统的观点。对行动者行为进行管理的规范指的是强制性的、允许的或禁止的行动或事务状态。行动者对它们的规范状态有一个明确的呈现。规范状态是行动者在某个时间点持有的规范(义务、许可和禁止)的集合，当行动者想要决定选择和执行哪些计划时，会参考这些规范。NoA 行动者构建的计划需要在不违反任何它们已经内化的规范的条件下来实现它们的目标。

虽然比基本的假设规则(if-then)或生产规则的行动者要更加复杂，但与人类认知相关的心理学上可信的模型相比，这些行动者仍然很简单，例如 Soar(Laird，Newell，& Rosen-

bloom，1987；Wray & Jones，2005；Ye & Carley，1995）、
CLARION(Sun，2006)和 ACT-R(Taatgen，Anderson，&
Lebiere，2006)。然而，由于心理学上的合理模型是如此丰
富与复杂，以至于在基于行动者模拟中使用这些模型时（即
每个行动者需要运行自己的认知模型），会导致模型运行速
度过慢，并难以管理。（例如，使用 CLARION 来运行模型，
见 Sun & Naveh，2004；Naveh & Sun，2006。）

第 2 节 ｜ 环　境

　　上一节已经描述了设计行动者的一些方法。行动者在环境中行动，环境提供了行动者之间的沟通渠道，也可能包含非反应性物体，比如障碍物或能量源。

环境的特征

　　通过环境来为行动者之间的交流安排路径是很方便的，不仅是因为这是一种"自然"的方式，对应于环境在人类事务中的作用，同时也因为这使监测行动者变得更加容易。这也意味着从一个行动者传递到另一个行动者的信息可以暂时地储存在环境之中（缓存区），降低了模拟的结果取决于行动者代码执行顺序的意外的可能性。当进行缓冲时，来自行动者的消息被储存在一个临时变量中，直到模拟中的所有行动者都轮过一遍。然后，这些存储的信息被传递给接收者。

　　在许多模型中，环境将包含被动的对象，比如区域的边界屏障，"道路"或行动者可能走过的连接，为行动者提供能量或食物的资源，等等。这些对象都可以用与行动者类似的方法来编程，甚至可以更简单，因为它们不需要具有对周围环境做出反应的能力。

　　因为环境对程序而言是直接的,很容易被忽略;然而在真实世界中,环境的影响通常是非常重要的。人类生活的大部分复杂性都来源于要与复杂的环境打交道。我们也经常把环境作为一个记忆体(例如,将物体放在特定的位置上以提醒我们需要采取的行动),作为一种价值储存器(例如,金钱和其他形式的财富),以及作为一种技术援助,使一些行动更容易(例如,提供通信和交通服务的设备)。然而,在设计模拟模型时,研究者很少认识到这种环境复杂性。

地理

　　大多数基于行动者的模型都涉及行动者在空间中的移动,但这种地形通常是一个矩形平面或环形。取代这些抽象的表面,也有可能创建复杂的人工表面,或引入从真实景观映射的地形。这可以通过将地理信息系统(geographical information system,GIS)整合进模型来实现。GIS 是一个用于管理、储存和显示空间数据(如地图)的软件系统(Chang,2004;Heywood,Cornelius,& Carver,2011)。

　　GIS 将空间数据存储在专门建立或经过调整的空间感知数据库系统中。这些系统被设计用来有效地回答人们在管理地理数据时的各种问题,诸如"告诉我与这个对象相距不超过 10 个单位的其他所有物体"。GIS 数据通常被安排在包含一个或几个变量数据的图层中。当显示或操作地图时,人们可以打开或关闭一些图层,选择只看可见图层中的变量。例如,一幅地图可能包含道路和湖泊的独立图层。如果有人想看公路网络,但对湖泊不感兴趣,湖泊的图层就可以关闭。GIS 有两种类型：栅格和矢量。栅格是由单元格组成的规则网格，每个单元格储存一个单一的值。栅格变量适用于在平面上连续变化的数据，比如日照的高度和时间。矢量变量适用于以点、线或面为形式的数据（在 GIS 里被称为"多边形"）。空间数据可以用投影图来呈现，投影图是在二维地图上显示地球等三维体的表面的一种方法。存在各种各样的投影，尽管应该使用哪种投影的问题更有可能困扰那些想要绘制整个地球地图的地理学家，而不是只想绘制一个城镇或地区地图的建模者，因为在可选择的投影方法之间的差异足够小，小到替代投影之间的差异变得无关紧要。

有了 GIS，就有可能建立一个基于行动者模型，在该模型中，行动者在一个更真实的景观中穿行，例如沿着城市街道行走。这对于诸如为交通流量（Zheng, Waraich, Axhausen, & Geroliminis, 2012）和流行病传播（Dibble & Feldman, 2004; Dunham, 2005）进行建模等项目至关重要。虽然如果建模的目的是对一个不在任何特定地点的抽象过程建立模型，那么地理信息可能是一种干扰。那些用环境代表地理空间的模型被称为"空间显式模型"。建模时，需要尽早决定的是，景观在整个模拟运行过程中保持不变就够了，还是需要动态地改变景观。例如，一个城市的静态呈现对交通模型而言可能就足够了，因为在模拟所代表的时间段里（几小时或几天），城市街道的布局不会发生实质性的变化。另一方面，关于飓风对城市人口影响的模型可能需要在模拟过程中更新地形景观，以考虑洪水、封闭的街道和风暴的破坏。然而，管理随时间变化的数据是 GIS 最先进的技术，如果想把它与基于行动者建模结合起来，将会是一个挑战。

　　在设计有空间感知的行动者时,需要考虑的第二个问题是这些行动者如何检测它们所穿越的地形的特征。例如,如果要保证行人沿着街道行走,而不是穿过建筑物,就需要有一种方法让行动者来判断前面的路是一条人行道。对此问题最好的解决办法是向 GIS 发送查询来确定行动者前方物体的位置,然后对返回的答案进行分解(或解析),以检查向前运动是否受到阻碍。原则上,这并不复杂,但在实践中,这可能需要底层 GIS 和行动者进行大量的处理,并可能减慢模型运行的速度。

第 3 节 | 随机性

　　设计模型时,从现实世界的复杂性中进行抽象的一种方法是建立一些随机性。例如,在一个产业网络模型中(第1章第2节"产业网络"部分),人们可能想从一个特定的产业部门的公司之间和公司内部联系中进行抽象,以便建立一个公司间网络的一般模型。然而,问题是,哪些联系应该被纳入模型? 一个答案是随机选择几对公司,并在这些公司之间建立联系。这可以通过几种方式进行,主要取决于联系的预期分布。例如,一家公司与另一家公司的联系机会对所有公司而言可能是相同的(随机网络),可能同已经与另一家公司有联系的公司数量有关(偏好连接)(Barabási,2003;Barabási & Albert,1999),或者也可能这样安排,即连接形成了一个由联系紧密的公司组成的局部集群,集群之间有少量长距离的连接(一个"小世界"网络)(Watts,1999,2004;Watts & Strogatz,1998)。这些替代性方案提供了具有不同结构特征的网络,可能具有相当不同的行为(Pujol,Flache,Delgado,& Sangüesa,2005)。个人网络,如朋友网络,有特定的特征,可能更适合社会圈模型(Hamill & Gilbert,2009)。

　　随机性也可用来模拟沟通偏误和"噪音"的影响。例如,阿克塞尔罗德(Axelrod,1997b)以及阿克塞尔罗德和道金斯

(Axelrod & Dawkins，1990)开发了一个有影响力的文化传播模型(Axelrod，1997c)，以解释为什么如果互动的人的信仰和态度变得越来越相似，差异最终仍然不会全部消失。阿克塞尔罗德的模型展现了具有同质性文化特征的稳定区域的出现，这些同质性文化特征有方言、民族主义信仰、宗教风俗等。在该模型中，行动者具有一个"标签"，包含五个数字，用以描述它们在五个文化特征或维度上的特点。两个行动者发生互动的机会取决于它们的标签的相似性。如果它们真的相互作用，那就从五个特征中随机选择一个，一个行动者采用另一个行动者在该特征上的值。经过几千次互动之后，出现了不同区域，在这些区域中，所有的行动者共享相同的特征，并且与其他区域的行动者没有共同特征。阿克塞尔罗德评论说，他的模型显示了局部收敛是如何引发全局极化的。不同学者的论文都使用了这样的标签来探讨行动者群体之间出现的差异(Edmonds，2006；Hales，2000，2002；Riolo，Cohen，& Axelrod，2001)。然而，后续研究(Klemm，Eguíluz，Toral & Miguel，2003)表明，全局极化的趋势关键取决于行动者完全复制其他行动者的文化特征值，并且在行动者的特征中也不存在"文化漂移"。相反，如果一个行动者接受了其他行动者特征的一个稍微扭曲的副本，或者如果行动者的信仰偶尔随机变化，那么可能出现一种单一的文化，而不是出现几个不同的区域，每个区域都有不同的文化。这是一个例子，说明随机变化或"噪音"可以对模型的结果产生根本性的影响。

第 4 节 | 时 间

在大多数情况下,模拟的进行就好像是由一个时钟来安排的,随着滴答声而运行。时钟每走一下,所有行动者都出现一个变化。因此,时间是以离散的时间步骤来模拟的。每一个时间步骤都持续相同的模拟时间。模拟从时间步骤零开始,持续足够长的时间,或直到所有行动者都"死亡"或停止行动为止。

当使用离散的时间步骤来设计基于行动者模型时,需要考虑三个关于时间的问题。

第一,同步性。在上一节中我们已经提到,需要注意一个行动者向另一个行动者发送消息的时间。例如,如果行动者 A 向行动者 B 发送信息,B 回复,然后 C 向 B 发送信息,结果可能与 A 向 B 发送信息,接着 C 向 B 发送信息,然后 B 向 A 发送信息的结果截然不同(例如,以内幕交易模型为情境来思考这些序列)。这是一个关于行动者调用次序的更一般性问题的例子(Huberman & Glance, 1993)。

在普通的计算机上,因为一次只能发生一件事情,行动者事实上不能同时参与行动。绕过这一点的三种可能方法是:(1)依次调用每个行动者(行动者 1,行动者 2,行动者 3,行动者 4,行动者 1,行动者 2,行动者 3,行动者 4,……)(被称为"顺序异步执行")。这并不是一个好的解决方案,因为模型的性能可能会受到次序的极大影响。(2)在每个时间步骤中以不同的随机顺序调用每个行动者(称为"随机异步执行")。这种解决方案的优点在于,可以通过多次运行模拟(每次都有不同的排序)研究排序的影响。(3)以任何方便的顺序调用每个行动者,但要缓冲与行动者所在的环境的所有交互,使行动者的所有输入在所有结果输出之前完成(称为"模拟的同步执行")。如果这种方法能够实现的话,这就是最佳选择,因为它最接近实际的同步执行,虽然其安排可能很复杂,并且有时候对模型的要求也会妨碍模型的使用。

第二,事件驱动的模拟。这三种安排行动者调用顺序的方法假设所有行动者在每个时间步骤中都需要有行动的机会,尽管实际上有些行动者在它们的时间段内可能什么也没有做。另一种不同的方法也是可能的:使用事件驱动的设计,其中只有那些需要行动的行动者才被调用。事件驱动模拟的理念是,模拟不是一个持续时间的时间步骤,而是从一个事件跳跃到另一个事件。模拟"时钟"向前转动,直到下一个事件发生的时间。例如,假设我们正在设计一个组织决策制定的模拟,并且构建一个模型,其中的行动者是决策委员会。该模型的重点是每个委员做出的决定,以及这些决定如何从一个委员会传递到另一个委员会。委员会会议之间发生了什么并不重要,而且会议本身被认为是瞬间发生的。在这个模型里,有一个固定的时间步长将是低效的,因为在大多数时间步长中都不会发生任何有意义的事情。相反,这个模型可以被设计成从一个委员会会议的时间"跳跃"到下一个会议时间。

　　第三,校准时间。在常规和事件驱动的模拟模式中,经常面临模拟时间与真实时间相匹配的问题。例如,如果我们有一个消费者行为模型,想要研究消费者对引进新产品的反应,那么一个令人感兴趣的问题在于大多数消费者接受该产品所需要的时间。该模型可能会显示需要多少个时间步骤,但是如何将其转化为几周或几个月的真实时间? 其中一个解决方案就是在现实中观察这个过程,并将新产品接受趋势的分布与模拟的结果相匹配,但这样只能得到近似的答案。另外,在这个例子和其他例子中,在模拟世界和现实世界中,仍然有一个难题,那就是把什么作为开始或零点的时间点。尽管模拟是在一个明确的时刻开始的,但是在现实世界中,很少有什么活动(例如,一个新产品的营销)是在一个明确的时刻准时开始的。这些都是人们需要注意的问题;没有永远适用的一般性解决方案。

第 5 节 ▎**群体学习**

　　另一种非常不同的学习方法是进化计算,这是一组技术,其中最简单和最为人所知的是遗传算法(genetic algorithm,GA)(其他技术包括莫兰过程、复制者动态、进化编程、进化策略、遗传编程和分类器系统,分类器系统是学习分类器系统的简称)。进化算法(Michalewicz & Fogel, 2004)宽泛地基于自然选择,并涉及两个基本过程:选择和繁殖。进化计算的基础是一个群体,其成员通过繁殖形成继承其父母特征的连续几代个体。成功繁殖的概率是由个体的健康状况决定的:健康的个体比不健康的个体更有可能进行繁殖并将其特征传递给后代。

　　参与遗传算法(Holland, 1975)的个体有可能是,但并不一定是模拟中的行动者。例如,在一个产业部门的模型中,行动者可以是公司,整个部门通过连续几代公司的破产倒闭和开张的更替以学习如何在产业领域中提高生产效益(Brenner, 2001;Marengo, 1992)。另一方面,每个行动者都可以使用遗传算法学习,该算法作用于行动者规则,每个规则都是一个"个体"(这就是学习分类器系统的工作方法)(Bull, 2004)。关于股票市场交易的模拟就是通过这类行动者建立起来的(Arthur, Holland, LeBaron, Palmer, & Tayler，1997；Johnson，2002）。

对于遗传算法而言,每个个体必须在染色体中对其特征进行编码。编码可以是二进制字符串的形式,0 代表没有特征,1 代表有特征,也可以是更复杂的结构。同样重要的是,有可能评估每个个体的适应性。例如,适应性可以通过一个公司行动者的积累资本存量来衡量,或者通过一个利他主义模型中的合作策略的有效性测量出来。个体的繁殖是由算法按其适应性选择的,所以,具有较强适应性的个体就非常有可能进行繁殖,而非常不适应的个体则非常不可能进行繁殖。繁殖通过使用一个被称为"交叉"(crossover)的过程将父母的染色体结合起来进行。从每条染色体上取下一些片段,并将其结合起来,形成一个由父母一方的一些片段和另一方的一些片段组成的新片段。此外,为了确保即使在大量的杂交之后,群体中仍有一些变异,后代的染色体中的一些片段会被随机改变或变异。

子代的适应性会被评估,以确定其繁殖孙代的可能性。最终,那些相对而言无法适应的个体逐渐死亡,并被那些由于继承了父母的适应性,而更可能使他们自身具有适应性的个体所取代。虽然没有个体因为遗传算法而进行任何学习,但是群体作为一个整体却被认为是在进行学习或优化,因为其中的个体变得更适应了。

遗传算法通常是一个非常有效的优化工具,但它是不是任何社会现象的好模型则有较大的争议性(Chattoe,1998;Reschke,2001)。一个难点在于,我们通常很难知道测量"适应性"的适当方法是什么,甚至很难知道当把这个概念应用到社会现象时,此概念是否有任何清晰的意义。有时候,这并不重要。例如,在一个简单社会的模型中,我们并不需要一个精心设计的适应性定义。如果行动者拥有机会,并且在这之前没有因为缺乏资源而死亡,那么它们就能被设计出来进行繁殖。基本遗传算法的另一个常见问题是很难将一个行动者的所有突出特征都编码成染色体的二进制字符串。然而,其他进化算法技术允许更广泛的结构。例如,遗传编程(Banzhaf,1998;Koza,1992,1994;Poli,Langdon,& McPhee,2008)用程序代码来替代二进制字符串:个体进化出的程序可以用来指导他们的行动;学习分类器系统(Bull,2004;Meyer & Hufschlag,2006)使用条件-行动规则作为染色体的等效物。

第 **3** 章

设计基于行动者模型

在过去的十几年里,基于行动者模型已经发展出一个或多或少标准化的研究程序,由一系列的步骤组成,在每个步骤中都需要做出设计决策。像大多数社会科学研究方法一样,这个过程是实际执行的程序的理想状态,而在实践中,许多步骤是平行发生的,整个程序随着想法的完善和发展,时而反复进行。然而,明确这些步骤,作为进行基于行动者建模研究的指南,是很有意义的(另见 Axelrod,1997a;Hammond,2015)。

在本章中,我们首先会列出这些步骤,然后用一个例子来对每个步骤进行阐释。因此,在这一章结束时,我们就有了一个简单模型的设计。在第 4 章中,我们将展示如何实现这一设计,以形成一个运行的模拟。

第 1 节 ｜ 设计步骤

在研究的早期阶段,有必要将笼统的研究问题细化为一些具体的研究问题。研究问题指的是在研究中应该有进行回答的现实可能性的那些问题。如果研究问题太模糊或者太笼统,就没有什么用处,研究就会令人失望,因为它无法提供希望得到的答案。在研究过程中,最好是偏向于具体化:要让研究问题集中,而不是让问题显得过于雄心勃勃。我们可以将界定研究问题看作剥洋葱:从一般的研究领域到特定的研究主题,再到一个可以用简短的陈述来回答的你所发现的问题,这是很有帮助的。

如上所述,基于行动者模型通常用来研究的问题,是那些在社会或宏观层次上观察到的规律性问题,而问题是如何解释这些规律性。经济学家通常把这些规律性的东西称为"程式化事实"(stylized facts,概念详见 Kaldor, 1961)。例如,在第 1 章中描述的谢林模型,从观察到邻里种族隔离开始,并试图通过对单个家庭决策的建模来解释它。第 1 章还介绍了电力市场模型,旨在从供应商的动机来解释和预测电力供应和市场定价的模式。

在明确了研究问题,并确定了有待解释的宏观层次的规律性之后,下一步就是明确模型中要涉及的行动者(表 3.1)。

它们可能都是一种类型,也有可能有不同的类型。例如,虽然在第 1 章中回顾的舆论动力学模型只涉及一种类型的行动者——其意见变化被模拟的行动者——但第 1 章中提到的一些产业区域模型涉及几种不同类型的公司。对每种类型的行动者,我们需要列出行动者在不同情况下的行为,通常是一组条件-行动规则(见第 2 章第 1 节"生产规则系统"部分)。通过两个列表的方式来做这件事是有帮助的:一个列表显示环境(包括其他行动者)可以影响行动者的所有不同方式,另一个列表显示行动者可以影响环境(同样包含了其他行动者)的所有方式。然后,我们就可以描述行动者必须对环境变化做出反应的条件,以及行动者需要对环境采取行动的条件。接着,这些列表可以被细化,以创建行动者规则,用来显示行动者需要如何行动和如何对环境刺激做出反应。创建行动者规则后,我们可以通过评估规则的方法,来了解这些简单规则是否足以解释模型中的行动者,或者是否需要设计更复杂的意向性或认知性的行动者。

在这个阶段,我们对模型中需要的行动者类型和它们的行为有一个很好的构想。同时我们也有必要去考虑环境应该采用什么形式(例如,它是否需要空间,其中行动者有一个明确的位置,或者行动者是否应该被连接进一个网络),以及考虑为了呈现模型正在生产所期望的宏观层次的规律性,模型需要展现的特征有什么。一旦所有这些都考虑好了,就可以开始设计和开发形成模拟的程序代码。此外,以下的一些方式也可以帮助人们建立行动者模型:看看是否有任何现有模型可以改编,或者仅将这些模型作为灵感来源,除了查看已经发表的文章(有时会包含程序代码的网页链接),还可以查看诸如 OpenABM(https://www.comses.net/)这样的网站。在这些网站中，建模者存放了他们的代码和文档供他人使用，NetLogo 库（http://ccl.northwestern.edu/netlogo/models）中也有许多精心策划的演示模型。

表 3.1　设计基于行动者模型的初始步骤

预备工作

1. 主题
   一般的研究领域。
2. 使用者
   谁可能成为模型的使用者（例如，自己、其他研究者、利益相关者、公众等）？
3. 研究问题
   一个具体的问题：以问号（?）结尾的一句话。
4. 背景
   是否有和模型相关的文献，或更具体地说，相关的理论？
   如果有，文献（理论）说明了什么？
   是否有相似的可以被改编的模型？
5. 宏观层面的特征和模式
   5a. 验证（verification）：
   　　在宏观层面上对该领域的特征有哪些了解？
   　　建构的模型中应该生成其中的哪些特征？
   　　绘制一些图表，包括一些带有时间轴的图表，来显示宏观层面的变量是如何相互作用的。
   5b. 类型（type）：
   　　模型是抽象、中层还是传真（facsimile）模型？

静态物（statics）

6. 实体类型
   模拟世界中所有类型的对象。
   6a. 行动者：
   　　（促进）行动的实体，通常与现实世界中各种行为者（人、公司、组织、国家等）一一对应。提供所有行动者类型的清单，但清单中需要包括尽可能少的行动者。许多基于行动者模型中只有一种类型的行动者。
   6b. 资源：
   　　那些被行动者运用的实体。这些资源的任何变化都是行动者的行动所致，例如食物和能源。
   6c. 其他对象：
   　　在背景中的被动对象，不会被行动者所改变，比如障碍物（墙）。

静态物(statics)

7. 环境
    环境是空间性的还是非空间性的(例如,网络)?
    如果是空间性的:
    环境的大小;
    形状(环形、有界、方形、矩形、三维);
    单元的大小和形状(斑块状)。
    如果是非空间性的或是一个网络:
    直接的或非直接的链接;
    在个体中创造出来的静态链接;
    在模型运行过程中被创造以及被毁灭的动态链接。

8. 行动者属性
    列出每个类型的行动者的属性(例如,特征、特点或性质)。将这些属性按照"在模型运行中是否可能改变"的标准进行分类(例如,财富属于模型运行中可能改变的属性)。保证每个类型的行动者拥有和其他类型行动者不同的属性集合(如果它们的属性均相同,就不是不同类型)。
    需要对每个属性进行赋值。例如,性别可以是男或女,财富是一个真实的数字,朋友是一个其他行动者的列表。
    如果环境是一个网络,需要列出网络中链接的属性。

9. 环境属性
    9a. 整体属性:
        整个环境的属性,例如,钟表时间。
    9b. 本地属性:
        每个地点的属性,例如,色彩、土壤肥力、历史。

10. 所有属性的初始值
    在模拟开始时,行动者和环境属性的值。

动态物(dynamics)

11. 行动者与环境间的互动
    11a. 环境作用于个体行动者的方式。
    11b. 行动者作用于环境的方式。

12. 行动者之间的互动
    行动者互动的方式(例如,行动者之间不会互相碰撞而是互相传递信息)。

13. 行动的条件
    13a. 条件:
        对于所列举的每一种互动(11 和 12),说明这些互动应在何种条件下发生。
    13b. 依赖:
        对于每个条件,检查它是否仅指向行动者或环境的属性。如果为了评估该条件,需要知道其他的值,则将相应的属性添加到行动者或环境中。

续表

动态物（dynamics）

14. 制定规则

对于每个条件，写出条件-行动规则，例如当条件满足时，执行行动的规则。

15. 行动者的进入和退出

如果有的话，请列出行动者生成和"死亡"的条件。

如果行动者被创建（或进入模拟），指定其属性的初始值。

用户界面

16. 输出

决定能够观察到（宏观）行为模型的图表和其他输出。这些至少应该包括步骤 5 中显示的那些图。

如果行动者要显示在网格或视图上，它们应该是什么样子？它们是否根据其内部状态改变外观？

17. 参数

列出模型的参数（用户可以用来改变模型的行为方式），并将这些参数与研究问题联系起来（步骤 3）。

18. 测试

定义一些参数值的组合，使模型能够被测试（验证的一部分），以确保它对已知情况产生预期的结果。

在模型建构完成后，人们就开始了检查它是否正确的漫长过程。非正式地，这被称为"调试"；更正式地，被称为"验证"（verification）。验证的任务是确保模型满足它所要实现的规范。这与有效性检验（validation）相当不同，有效性检验是检查模型对于被模拟现象而言是不是一个好模型。我们可以有一个满足验证标准的模拟，因为它是按规定运行的，但是如果规范对社会世界中的原型描述很拙劣，那么它就不是一个有效的模型。

在成功检验之后，就可以着手进行有效性检验。有效性检验的首要标准是检验该模型是否显示了研究试图解释的宏观层次的规律性。如果模型做到了，就可以证明纳入编程的行动者的互动与行为解释了规律性为什么会出现。然而,我们必须提防其他解释,可能存在其他同样合理或更合理的行动者行为,导致同样的宏观层次的规律性(equifinality,称之为"等效性")。还有一种可能是,模型在初始状态下的微小变化可能会导致非常不同的结果(multifinality,称之为"多样性")。因此,需要进行敏感性分析(sensitivity analysis)来检验模型参数被改变时,结果是否也会变化。同样重要的是,要考虑一个更简单的模型是否能得到相同的结论。如果得到相同的结论,简单的模型通常比复杂的模型更受青睐,原则就是,如果两者的解释能力相当的话,简单的解释比复杂的解释更好。

在探讨了模型的宏观行为之后,最好将模型的输出结果与社会世界的经验数据进行比较。正如我们将在下文中看到的,模型结果和数据之间的这种比较并不容易进行,而且往往并不能得出人们所期望的清晰答案。大多数模型都是随机的,也就是说,它们涉及随机过程,所以我们不知道模型输出和观察数据之间的任何差异是随机因素所致还是模型不好所致。在收集有效和可靠的数据,特别是收集需要与模型输出结果进行比较的长期观测数据时,也常常存在相当大的困难。第 4 章第 5 节将更加详细地讨论有效性检验问题。

最后,我们可以得出一些结论,期望可以回答开启这一过程的研究问题。此外,如果我们对模型有信心的话,可以对它进行实验。通过实验,我们也许可以发现以前未曾预料到的规律性问题。

第 2 节 ｜ 开发基于行动者模型的例子

本节将以"集合体"模拟为例，描述开发一个简单的基于行动者模型的过程。在第 4 章中，我们将看到这个模型是怎样被编程的。因为这是一个既简单又相当抽象的模型，我们假设要针对的模型用户是像你这样的读者。

一些相互关联的社会现象很难建立模型，甚至很难描述，因为它们的边界是不稳定的，所涉及的人也在不断变化，而且没有一个单一的特征被所有人共享。这方面的例子如下：

（1）青年亚文化圈，如"朋克族"（Widdicombe & Wooffitt，1990)或"哥特派"（Hodkinson，2002)；

（2）科学研究领域或专业，如天体生物学（Gilbert，1997)；

（3）艺术运动，如前拉斐尔派或伏尔泰派（Mulkay & Turner，1971)；

（4）社区，如伦敦的诺丁山或纽约的布朗克斯（van Ham，Manley，Bailey，Simpson，& Maclennan，2012)；

（5）武装革命或恐怖主义组织成员，如德国"红军旅"（the Red Brigades)（Goolsby，2006)；

（6）产业部门，如生物技术（Gilbert et al.，2014)。

虽然人们可以很容易地说出自己熟悉的例子,并且这些例子非常普遍,很容易识别,但很难将人们对它们的直觉建立在更坚实的基础之上。第一,没有一个公认的概念来命名这些现象。术语"亚文化""地区""邻里""专业"和"运动"都被用于特定的类型,但是这些术语都不适合描述所有的类型。一个密切相关的概念是"具象"(Elias,1939),虽然严格说来,这个概念只应适用于个人,而不适用于组织或其他类型的行动者。在本节中,由于缺乏更好的术语,我们使用"集合体"作为通用术语。需要注意的是,组成集合体的单位可以是人(如上面大多数例子里的那样),也可以是组织(如生物技术公司)。

更好地理解集合体的第二个障碍在于,根据定义,集合体周围没有明确的边界。这意味着不可能计算它们的成员,因此也不可能对它们的历时发展以及它们的发生率等进行更多样的定量分析。

第三,集合体从其成员的行动中产生的方式并不容易理解。此处建立模型的目的是说明关于个人行为[微观基础(micro foundations)]一些可信的假设如何能够产生在宏观层次上可观察到的集合体。因此,此处的研究问题是,仅仅鉴于微观基础的假设,是否能从行动者的个人行动中产生集合体。

宏观层次的特征和模式

所有集合体或多或少都拥有以下这些内容:

(1)虽然集合体的例子通常很容易在总体层次上被命名和描述,但对其精确的界定可能被证明是相当棘手的,而且存在商议和争论的可能(例如,有许多不同的地区可以被描述为诺丁山,包括从当地正式的行政区域到与之同名的电影拍摄地点)。

(2) 没有一个公认的定义可以用来将那些加入的人和不加入的人(或成员与非成员)分开。例如,有些人可能认为某人是朋克,因为他/她的穿着方式,但其他人(包括此人自己)可能会对这个归类提出异议,指出此人的信仰、行为或熟人,所有这些都可能与做出成员身份的决定有关。特别是,没有一个可观察到的特征是所有加入的人和不加入的人都拥有的。例如,集合体并不是正式的组织,在正式组织中拥有书面或口头合同的雇员将组织成员与非组织成员区别开来;也不是政治党派,政治党派至少需要有正式的支持声明,并以此来定义成员资格;也不是社会阶层,在其中,外部认定的客观标准被用于对人们进行分类(通常是基于个人的职业)。

(3) 尽管如此,许多成员共享共同的特点(例如,一个研究领域的科学家可能有相似的教育背景,进行类似的前期研究,并且相互认识,即使没有技术、理论或研究对象可以使该研究领域中的科学家都无一例外地参与其中)。

(4) 集合体中的成员需要拥有一些相关的知识(例如,专业领域的科学,或在青年文化中被认为是"酷"的东西,或诺丁山当地的地理环境)。然而,没有成员拥有所有的知识:知识是社会性分布的。

(5) 被认为与集合体有关的特征发生了变化。例如,研究者不会无限地持续研究同一个问题。一旦他们解决了问题,他们便转向新的问题,但仍然在同一研究领域。大多数政治运动会随着时间的推移而改变它们的宣言,以反映运动参与者当前的想法,以及他们看到的社会问题,尽管这些运动仍旧是相同的运动,有许多相同的追随者。青年文化总是不断改变着流行元素。

(6)一些参与其中的人被广泛地认为(例如,被其他人认为)与其他人相比更核心,更具影响力,地位更高,或者是领导者。例如,一些科学家被认为比其他人更杰出,一些亚文化圈中的成员比其他人更酷,等等。[与社会心理学中最具独特性的想法相比较(Brewer, 1991)]。

微观层次行为

上一部分中提到的集合体的一个共同特征是,行动者(即组成集合体的人或组织)都拥有一些特殊的知识或信仰。例如,科学家有关于他们研究领域的知识,而青年亚文化有关于当前流行的知识。尽管这些知识在社会上分布在集合体的成员中,因此,并不是每一个成员都拥有同样的知识,但拥有这些知识通常是集合体的主要特征(Bourdieu, 1986)。在模型中,我们假设所有的人,包括成员或非成员,都有一些知识,但这些知识是什么,在不同行动者之间和不同时间都是不同的。我们用这些知识来定位行动者:行动者在某个时刻在一个抽象的知识空间中的位置代表他/她在那个时刻所拥有的知识。

第二个假设是,一些行动者的地位比其他行动者高,所有行动者都有动机通过模仿高地位的行动者(通过复制他们的知识)来试图获得地位。例如,在一个受时尚驱动的集合体中,所有行动者都想要尽可能的时尚,这意味着要接受他

们认为具有最高地位的人的服装风格、音乐品位或其他东西
(Simmel，1907)。然而，地位也是稀缺性的一个函数：如果
许多其他的行动者都拥有非常相似的知识，那么行动者就无
法保持高的地位。例如，一个时尚偶像必须永远引领大众；
只有当一个科学家的研究与众不同时，他/她的研究才能被
频繁引用；只有在一个革命者与士兵相较能够脱颖而出时，
他/她才能赢得同仁的尊敬。

　　第三，我们假设拥有最高地位的行动者想要保持这种地
位，如果他们开始被吸引来的追随者排挤，他们就无法做到
这一点。在这种情况下，我们假设地位高的行动者有动力进
行创新，也就是说，在知识空间中去寻找尚未有人群的地方。

　　因此，行动者有两种相反的倾向——一方面，他们想接
近行动；另一方面，他们想具有排他性，并且可以通过改变代
表地位水平的位置来实现这一点。正如我们将看到的，解决
这种紧张关系在宏观层次上产生了集合体的典型模式。

设计模型

相关的模型

以下是一些处理类似问题的通用模型：

(1) Boid 模型(Reynolds，1987)的行动者试图与所有其
他行动者都保持一个理想的距离，因此看起来是在协调运
动。行动者有三种转向行为：分离，以避开附近的行动者；对
齐，向与附近行动者平均值相同的方向移动；凝聚，向附近行
动者的平均位置移动。其效果是，行动者像羊群或鱼群一样
移动。这些模型展示了行动者在"张力"中开展行动的效果。

例如,分离行动与凝聚行动之间存在张力。然而,在这些模型中并没有寻求地位或创新的观念。

(2) 创新模型(Watts & Gilbert, 2014a)的行动者可以根据他们当前的知识来学习和行动。行动者之间也会交换知识并创造新的知识。然而,在这些模型中没有关于集合体的具体概念。参与创新的一组行动者是事先设定好的。

(3) 少数人游戏(Challet, Marsili, & Zhang, 2013)是来自众多文献中的一个例子。这个模型也被称为"埃尔法罗(El Farol)酒吧模型",模型中有行动者想要去酒吧,但只有当其他行动者中的少数人也选择去那里时,这些行动者才会去。行动者根据他们自己以前在酒吧中遇到的人数经验来决定。每个行动者都有几个策略,他/她结合自己最近去酒吧的结果的记忆,决定是否在当前时间段去酒吧。这些策略根据其成功与否进行评分(如行动者到达酒吧时,是否人满为患),而不成功的策略则会被放弃。随着时间的推移,就能够实现一个动态均衡,酒吧里行动者的数量与行动者用来判断该酒吧有太多行动者的极限值相匹配。在这里,此模型具有一定的问题解决导向特征,但是没有集合体的表征。

模型

集合体模型由行动者能够在其上移动的平面组成。这个平面是一个环形,其中每个点都代表一个特定的知识体或信仰集。因此,行动者并不是在一个物理空间的表征物里运动,而是在"知识空间"里运动。虽然在二维空间中(更准确地说,是在一个环形平面)呈现知识空间可能过于简化,但它更容易实现可视化。

行动者在知识空间中的移动代表了其知识的变化。因此,如果一个行动者模仿另一个行动者,他/她将在知识空间中向那个行动者移动。而如果这个行动者创造并发现了其他行动者没有的知识,他/她将远离其他行动者,进入以前的空白区域。

刚开始时,行动者在平面上是随机分布的。他们对于自己或其他行动者的先前位置并没有记忆。每个行动者都做如下的事情:

(1) 计算与他/她直接相邻的行动者的数量有多少;

(2) 如果行动者的数量超过一个阈值,他/她将转向与邻近的其他行动者平均行进的基本方向相反的方向,然后随机移动一段距离;

(3) 如果行动者的数量等于或低于阈值,他/她就会在附近寻找一个相对满员的区域,然后从他/她目前所在的位置向该区域的中心方向随机移动一段距离。

每一个行动者都异步行动,无限地重复这一系列的行动。这个算法需要四个参数(见图 3.1):

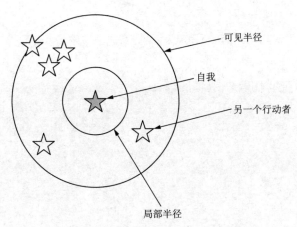

图 3.1 在集合体模型中的局部半径和可见半径

（1）行动者周围的环形区域的半径,在该区域内计算行动者数量,以确定这个行动者是否"拥挤"或"孤单"(局部半径)；

（2）行动者数量的阈值,低于该值时,行动者是"孤单的",高于它时,行动者是"拥挤的"(阈值)；

（3）行动者周围环形区域的半径,在该区域内,如果行动者是孤单的,则计算行动者的数量,以找出最大值在哪里；如果行动者是拥挤的,则找到其他行动者移动的平均方向,以确定其移动的方向(可见半径)；

（4）行动者移动的距离；距离从统一分布中随机选择,该参数为最大值(速度)。

第 **4** 章

开发一个基于行动者模型

第 1 节 | 建模工具包、程序库、语言、框架和环境

在本章中,我们将考虑在设计一个模型之后,如何运用编程代码实现它,以及如何检查设计和代码是否正确。

虽然一些建模者只用传统的编程语言(最常见的是Java,尽管可以使用任何语言)来建立他们的基于行动者模型,但这是一种较难的开始方式。多年以来,人们已经很清楚,许多模型涉及相同或相似的构件,只有很小的变化。为了不继续无谓地重复相同的工作,常用的元素已经被组装成库或框架,可以链接到基于行动者建模的程序中。其中第一个被广泛使用的是 Swarm(http://www.swarm.org/),虽然这个程序库现在或多或少已经被取代了,但它的设计影响了更现代的程序库,如 Repast(https://repast.github.io/)(North, Collier, & Vos, 2006)和 Mason(https://cs.gmu.edu/~eclab/projects/mason/)(Luke, Cioffi-Revilla, Panait, Sullivan, & Balan, 2005);还有 AnyLogic(https://www.anylogic.com/features/),它不仅提供基于行动者的建模工具,还提供系统动力学和离散事件仿真工具。Repast 和 Mason 都是开源软件,意味着它们可以免费下载和非商业性使用,而 AnyLogic 是商业产品。这些程序库都是用 Java 编

程语言写的，所以最容易与同样用 Java 编写的模型链接，但它们也可用于其他语言。它们都提供了一系列类似的功能，诸如以下内容：

（1）各种有用的模型范例；

（2）一个复杂的事件驱动模拟的调度器；

（3）一些工具，用于在屏幕上显示模型以及行动者移动的空间；

（4）将结果收集到文件的工具，用于后期的统计分析；

（5）指定模型参数的方法，以及在模型运行时改变参数的方法；

（6）支持网络模型（管理行动者之间的联系）；

（7）从模型到 GIS 的链接，使环境可以在真实景观上建模；

（8）一系列的进化计算的调式算法（第 2 章第 5 节），随机数的产生和敏感性分析；

（9）可以在 Windows、macOS 或 Linux 上运行。

此外，每一个程序库都有自己的特殊特征（见本章附录中的表 4.1）。

许多人都为这些程序库的建设付出了努力，使用它们可以大大减少开发一个模型的时间和出错的可能性。然而，它们是大型软件包，最适合有编程经验的人使用，即使如此，在充分利用它们提供的一系列功能之前，也需要进行一些练习。

更适合初学者的是建模环境，它提供了完整的系统，在其中可以创建和执行模型，并将结果可视化，而无需离开系统。这样的环境往往更容易学习，人们拥有一个工作模型所花费的时间比人们使用程序库方法花费的时间要短很多。然而，这种简单性是以较少的灵活性和较慢的执行速度为代价的。如果你需要基于程序库的框架提供更多的功能和灵活性，那么值得投入时间去学习如何使用。但是我们通常只需要模拟环境。NetLogo(Wilensky，1999)、CORMAS(Bommel，Becu，Le Page，& Bousquet，2016)和 GAMA(Grignard et at.，2013)都是模拟环境的例子。

　　主要用于其他目的建立的环境也可用于模拟，有时相当有效。例如，简单的模拟能够运用电子表格 Microsoft Excel 创建，而免费的开源统计软件包 R(http：//www.r-project.org/)对于处理大批量数据的模型很有用。一些重要的基于行动者模型已经使用数学软件包 MatLab(http：//uk.mathworks.com/products/matlab.html)(如 Thorngate，2000)和 Mathematica(http：//www.wolfram.com/mathematica/)(如 Gaylord & D'Andria，1998)来创建。尽管如此，专门为基于行动者模型而设计的环境通常是首选。

　　目前，最流行的基于行动者模拟环境是 NetLogo(Wilensky，1999)。它包含一个用户界面生成器以及其他工具，例如系统动力学建模器。它可以免费用于教育和研究目的，可以从 http：//ccl.northwestern.edu/netlogo/下载。它可以在所有常用的操作系统中运行：Windows、macOS 和 Linux。NetLogo 拥有一个活跃的用户社区，能够迅速而全面地回答用户的问题，并且用户遍布自然科学和社会科学的所有教育层次。

第 2 节 │ 使用 NetLogo 建立模型

在本书的其余部分,我们将使用基于行动者模拟环境
NetLogo(Wilensky,1999)。NetLogo,如同上面提到的其他
环境和程序库一样,正在进行持续的开发,每年都会出现
一个主打的新版本。威伦斯基(Wilensky)和他的团队努力使
NetLogo 的升级改变具有向上兼容性,这意味着在你或其他
人的程序中需要的任何相应修改都会在你加载代码时自动
完成,或者可能只需要微小的编辑。

NetLogo 系统为用户提供三个标签:界面标签、信息标
签和代码标签。界面标签用于可视化模拟的输出结果并控
制它(见图 4.1)。信息标签提供了基于文本的文件,说明模
拟的目的和应该注意的事项。代码标签是使用该环境的特
殊语言(NetLogo 语言)编写模拟程序的地方。NetLogo 是以
编程语言 Logo 为基础的(Papert,1983)。Logo 是为了教小
孩关于程序和算法的概念而设计出来的,最初是用于控制称
为"乌龟"的小玩具机器人。为了纪念其起源,NetLogo 中的
行动者仍被称为"乌龟"。

界面标签包括一个被称为"视图"的黑色方块,它是由斑
块(patches)网格组成的。这是行动者移动的空间环境:模拟
程序可以指示行动者在任何方向上从一个斑块到另一个斑

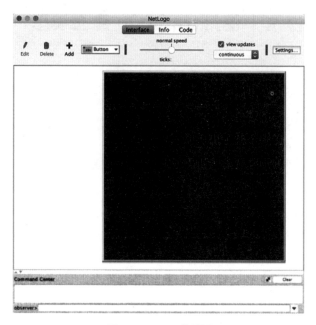

图 4.1　NetLogo 的界面

块移动,行动者在视图上是可见的(见图 4.3,视图上的小三角形就是行动者)。通常,NetLogo 环境的设置是,左边缘与右边缘相衔接,上边缘与下边缘相衔接,这样,如果一个行动者移出了视图的左边缘,它就会立即在右边缘出现(环境在拓扑学上相当于环形体的表面,是一个甜甜圈形状的固体)。斑块开始时是黑色的,但可以很容易地被重新着色,因此,举例而言,人们可以创建一个等高线图。视图中斑块的数量也能够被配置:当 NetLogo 启动时,视图由 33×33 的斑块组成,但这个数量可以增加到成千上万。

一个 NetLogo 程序有三个部分。第一,有一个部分说明行动者将是哪种类型,并命名所有行动者可用的变量(全局变量)。第二,具有一个设置(setup)程序,初始化模拟。第三,具有一个执行(go)程序,该程序由系统重复执行,以运行模拟。
图 4.2 展现了一个非常简单的例子,说明了 NetLogo 程序的特点,其中创建了 10 个行动者,并且无限期地随机移动。

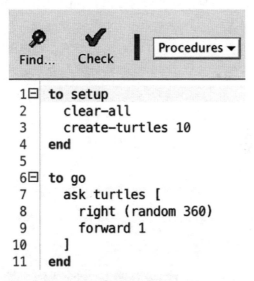

```
 1  to setup
 2    clear-all
 3    create-turtles 10
 4  end
 5
 6  to go
 7    ask turtles [
 8      right (random 360)
 9      forward 1
10    ]
11  end
```

图 4.2 创建 10 个行动者并使它们随机移动的 NetLogo 编程

在这个程序中没有全局变量,所以程序从设置程序开始。前次运行留下的任何乌龟(行动者)都会被清除,并创建 10 只新的乌龟(这些乌龟会被放置在 NetLogo 视图的中心)。运行程序告诉每个乌龟执行方括号内的命令:首先,向右(即顺时针)转一个随机的度数,然后向前移动一个单位,这里的单位是一个斑块的边的长度。每只乌龟的移动都是独立于其他乌龟的,都是在同一时间(由于 NetLogo 是在普通计算机上运行的,所以行动者不可能都在同一时间操作,但是 NetLogo 通过使用异步随机更新,使行动者看上去好像都在同时移动,参见第 2 章第 3 节)。

为了能在你自己的电脑上运行这一程序,你需要下载和启动 NetLogo。然后点击代码标签,输入图 4.2 中所示的几行代码。返回到界面标签。点击顶部的添加图标,然后点击视图旁边的白色区域。NetLogo 将打开一个对话框。在命令栏中输入"setup",然后点击"OK"。这将画出一个标有"设置"的按钮。然后对"开始"(go)按钮进行同样的操作,同时将复选框"永远"(Forever)设置为"开"(这将导致在点击"开始"按钮时,执行程序被循环执行,直到第二次点击该按钮停止运行)。点击你的"设置"按钮将创建 10 只乌龟,相互堆叠在一起,显示在视图中央。点击"开始"按钮将使乌龟(行动者)按照随机轨迹在视图中来回穿梭。再次点击"开始"按钮,可以停止程序。然后 NetLogo 的界面应该会与图 4.3 相似。

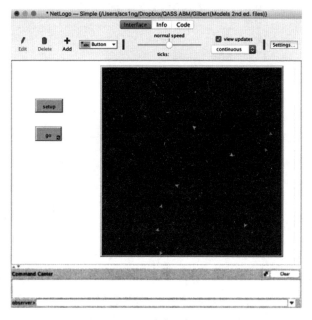

图 4.3 简单的程序运行

虽然这是一个非常简单的例子,但它确实让人们了解到在 NetLogo 这样的环境中可以快速开发基于行动者的模拟。用于控制模拟的按钮(以及滑块、开关等)图形可以通过"拖放"来实现。该视图为行动者及其环境的可视化提供了许多可能性,而无需做任何编程。NetLogo 还将在界面标签上显示动态变化的输出结果变量图。虽然 NetLogo 编程语言与通常的程序语言有些不同,但它既强大又(基本上)简洁,其结果是使复杂的模拟用令人惊讶的寥寥几行代码就能编写出来。

本书没有足够的篇幅提供关于 NetLogo 的详细教程,但是该系统自身包含了一个很好的内置教程(位于"帮助"菜单下),并配有大量的示范和示例模型,其中一些与社会科学有关。

第 3 节 │ 逐步建立集合体模型

第 3 章介绍了集合体模型。简而言之,这是一个模拟了以知识为基础的形成物的动态创建和维持的模型,如科学家群体、时尚运动和亚文化。该模型的环境是一个空间环境,代表的不是地理空间,而是一个"知识空间",其中每个点都是不同知识元素的集合。在这个空间中移动的行动者,代表人们持有不同的和不断变化的知识和信仰。行动者只有非常简单的行为:如果他们是"孤独的"(即远离行动者的局部集中),他们就会向人群移动;如果他们是"拥挤的",他们就会离开。

因此,从形式上看,有两种行动者行为规则:

条　件	行　动
行动者是孤独的	向群体移动
行动者是拥挤的	从群体移开

建立模型的第一步是对行动者和环境做出一些基本决定。该模型设定表明将只存在一种类型的行动者,并且行动者将在一个空间中移动。我们需要决定这个空间的维度:为了简单起见,我们将使用一个可以直接映射到 NetLogo 视图的二维网格。为了避免在网格边缘可能出现的特殊效果,我

们将使用一个没有边缘的环形体。这是 NetLogo 的默认安排，所以不需要任何额外的设定。

接下来，以图形或"虚拟代码"的方式阐述模型的逻辑是有帮助的。为了用图形来显示逻辑，使用统一建模语言（Unified Modeling Language，UML）会比较方便，它是一种表示程序的方法，被开发为独立于编程语言细节的软件交流方式（Bersini，2012；Fowler，2003）。UML 提供了一系列标准化的图表，可以显示程序中对象的类层次；序列图显示了一件事如何导致下一件事；以及活动图，类似于流程图。UML 非常适合于在发表的论文中描述一个模型，但是集合体模型是如此简单，以至于 UML 几乎没有必要：只有一个类（对行动者而言），只有两种行动者行为（向前移动和转向）。

对于这样一个简单的模型，另一种方法更有帮助：使用"虚拟代码"，这是一种非正式的自然语言和编程惯例的混合物，它使得程序的结构和流程清晰明了，而不要求读者熟悉任何特定的编程语言。图 4.4 显示了用虚拟代码写的集合体程序。

这个程序分为两部分：初始化［在 NetLogo 中称为"设置"（Setup）］和"开始"（在 NetLogo 中称为"Go"）。虚拟代码的缩进有助于明确哪些行与哪些行相配合。例如，程序反复循环，执行"Loop forever"和"End loop"之间的几行。图 4.4 中模型的恒定参数以斜体字显示。

一旦有了程序的虚拟代码版本，将其转换成 NetLogo 等编程语言就相对容易了；这样做的结果显示在网上，网址是：https：//study. sagepub. com/researchmethods/qass/gilbert-agent-based-models-2e，网站上还有对程序的逐行解释。该模型也可以在 OpenABM 网站上找到（Gilbert，2019）。

```
Initialisation

  Create agents and distribute them randomly in knowledge space

Execution

  Loop forever

    Each agent

      counts the number of other agents within its local-radius.

    Each agent

      compares the number of other agents within its local-
      radius with the threshold

      If the number is greater than the threshold

      then (the agent is crowded).

        The agent locates that agent within visible-radius with
        the most agents surrounding it.

        The agent moves a distance proportional to speed towards
        this agent.

      Else (the agent is lonely).

        The agent locates the agent within visible-radius with
        the most agents surrounding it.

        The agent moves a distance proportional to speed away
        from this agent.

  End loop
```

图 4.4　在虚拟代码中的集合体程序

　　运行该模型表明,最初均匀随机分布的行动者分离成集群,其中一些行动者处于中心位置,其他行动者分布在它们周围。中心的行动者很拥挤,所以会移动。在这样做的过程中,它们稍微移动了集群的中心,并可能使其他行动者变得拥挤或孤独,然后它们也将移动。因此,行动者的集群虽然在很长一段时间内保持在一起(以时间步长衡量),但它会在整个视图中漂移。孤独的行动者会向集群移动,有时加入它,有时会继续尾随其后。而集群从未合并过。

　　图 4.5 展示了一个典型的模拟快照。在这个图中,拥挤的行动者是深灰色的,而那些孤独的行动者是浅灰色的。

图 4.5　模拟快照

　　将这个模型的行为与第 3 章第 2 节中描述的集合体特征相比较,我们可以看到以下几点:

　　(1) 当我们运行模型时,我们看到集群,但是在集群周围划定一个涉及某些主观任意的界定,也许是根据行动者的局部密度而划定的。

　　(2) 虽然对哪些行动者在集群内部、哪些行动者在集群外部进行界定是可能的(例如,根据与最近邻居的距离),但任何这样的界定似乎仍然都是武断的。

　　(3) 在相同集群中的行动者是紧密相连的,因此可以认为共享了它们知识的某些方面。

（4）集群的方位通过它的中心点的位置表现出来，是不断变化的，因为一些行动者更紧密地移动到集群中，而另一些行动者则寻找新的、不那么拥挤的位置。

（5）一些行动者认为自己很拥挤，这些行动者的行为与集群中的其他行动者不同（通过"创新"或试图通过知识空间的移动寻找到不那么拥挤的位置）。这些行动者在集群中位于更中心的位置，并对确定其他行动者的移动方向具有影响力。

因此，我们在社会中观察到的集合体特征是作为行动者行为的结果而出现在模型中的。尽管其他微观层次的行为可以产生相同或类似的宏观层次的模式（Gilbert，2002），但知道这些行为确实产生了我们观察到的宏观层次的行为是有用的。具体来说，如果发生如下情况，我们可以从模型得出结论：

（1）行动者为了应对"过度拥挤"而改变它们在知识空间中的想法（Mulkay & Turner，1971）；

（2）一些想法和行动者被认为是高地位或重要的；

（3）行动者被激励去模仿和接受这些想法或者它们的变化，那么我们所描述的"集合体"的现象就会从行动者的行为中涌现出来。

将模型输出结果与经验数据进行更详细的比较并不适合这个抽象模型（见第 4 章第 5 节"抽象模型"部分）。抽象模型的价值是双重的：根据爱泼斯坦的名言"为了解释宏观的社会模式，我们在行动者模型中产生或'发展'它们"（Epstein，2007:50）；它们可以帮助凸显现象之间的共同点和差异性，否则这些现象可能被认为是不可比较的。因此，衡量这种模型成功与否的一个更好的标准是，它在多大程度上产生了深层的理论问题，或者提供了可以被经验检验的中层理论。例如，该模型提出了这样的问题：鉴于"朋克族"和"科学家"的社会形态可以用相同的通用模型重新创建，它们之间有什么显著的相似性和差异性？在社会生活的许多领域都可以发现类似的微观层面的行为，以及相应出现的许多集合体，因此这种模型可以用来解释广泛的社会现象。

第 4 节 │ 验证：处理漏洞

你应该假设不管你多么仔细地设计和建构你的模拟，它都会包含一些漏洞(代码所做的事情与你想要的和期望的不同)。当你第一次运行一个新的模拟模型时，它很可能有许多漏洞，其中大部分漏洞都很容易被观察到，因为模拟会给出异常的结果或导致程序崩溃。更令人担忧的是，即使你已经在代码上消除了明显的漏洞，也仍有一些漏洞潜伏着，你毫无察觉。作为一个经验法则，把剩下的漏洞数量看作一个负指数函数——起初漏洞数量迅速减少，但随后趋于平稳，不过永远不会达到零。即使是已经发表的模拟，有时也会出现漏洞和误解(例如，见 Edmonds & Hales，2003；Galan & Izquierdo，2005；Rouchier，2003)。检查代码是否有漏洞被称为"验证"。

有一些技术可以减少含有漏洞的机会，并使发现漏洞变得更加容易。下面列举一些这样的技术：

(1) 精细地编码。当你在编写模拟程序时，要仔细、稳妥地进行，不要急于运行代码，也不要走捷径。任何节省下来的时间都会因为调试所需的额外时间而失去。使用面向对象的语言和在模型背景下具有意义的变量名称会有所帮助。

(2) 纳入大量的输出和诊断。如果代码没有输出结果显示程序运行时的情况，就很难发现代码部分的漏洞。你不应该只满足于显示模拟的结果；至少在调试阶段，你还需要显示中间值。同时也需要谨慎地决定显示什么，以便获得有用的线索，但又不至于因为其他输出结果的数量过多，而找不到这些线索。

（3）一步一步地进行代码演练。一次运行一条或一个函数代码，观察变量值、参数值和属性值是如何变化的，然后检查它们是否按照期望的方式在发生变化。虽然这个过程可能是缓慢而乏味的，但是它确实有助于确保代码按期望运行，至少在观察到的运行中是这样的。通常情况下，编程环境提供的功能可以使代码更容易管理。

（4）添加断言。如果你知道变量必须取某些值，而不是取其他值，那么在模拟运行时检查有效的值，如果值超出范围，则显示警告，这种检查被称为"断言"。例如，如果两个行动者不能同时占据同一空间位置，就应该在每个时间步骤中检查是否违反了这个要求。

（5）添加一个调试开关。你可能会担心所有需要辨别漏洞的代码，诸如断言和诊断，会使模拟运行速度慢得令人无法接受。在你的程序中包括一个全局变量，可以设置调试级别：从零到最大。在每个调试语句之前，都对这个变量进行测试，看该语句是否应该在当前的调试级别上运行，在某些语言中，可以通过条件编译达到同样的效果。

（6）添加注释并及时更新。所有编程语言都可以插入注释——供程序员阅读的、不作为程序代码执行的文字。运用这一功能，为每个函数、程序、方法和对象添加注释。注释应该描述下面的代码块是做什么的，以及它是如何做的，但要在概念层次上,而不是在现实层次上(也就是说,不要转述程序代码,而是说明代码要实现的目标)。作为一个经验法则,注释的行数大约是代码行数的 1/3。注释很容易过时,因为它描述的是程序过去的样子,而不是现在的情况。应该预留一些时间来定期更新注释。在写注释时,应假设读者是一个和你一样会编程的人,但他/她对你的模型知之甚少或一无所知。在离开编程几个月后,这可能是对你本人的一个很好的描述,所以不要以没有其他人会看你的代码为借口逃避写注释。

(7) 使用单元测试。单元测试是一个越来越流行的用以减少漏洞的软件工程技术(Fröhlich & Link, 2003)。它包括在你写代码的同时,写一些测试代码来练习程序。这个想法是把程序开发成小的、相对独立的部分或单元。创建一个测试线束,为单元提供一连串的输入,并根据预期输出的列表检查结果。然后,测试线束自动运行每个输入,检查预期的输出是否真的产生。一旦该单元通过了所有的测试,你就可以继续编写下一个单元。这可能涉及对第一个单元的一些修改,然后必须再次通过其测试序列,以确保这些修改没有引入任何新的漏洞。当许多单元都已经编写好时,测试线束被用来自动执行所有单元的测试,从而保证在开发代码的过程中没有在不经意间掺杂漏洞进来。随着程序的发展,应该编写额外的测试来验证多个单元的组合以及它们之间的互动。

(8) 用已知情境的参数值进行测试。如果有任何场景的参数值和输出结果是已知的,有一定的确定性,那么就测试模型是否再现了预期行为。这是大多数人首先对模型进行的测试,但这是相当弱的测试,其本身不能让人确信模拟没有漏洞。

(9) 使用角落测试。用处于可能的极端的参数值来测试模型,确保输出结果是合理的("角落测试"的名称来源于这样的想法,即这些参数值标志着一个参数空间的角落,包括所有可能的参数值)。例如,可以测试一下当你的模拟在没有任何行动者的情况下运行时,以及当它在你的模型允许的最大数量的行动者情况下运行时,会发生什么。

在威尔逊等人(Wilson, Bryan, Cranston, Kitzes, Nederbragt, & Teal, 2016)的研究中,有关于如何进行科学计算的进一步的出色建议。

第5节│检　验

　　一旦人们建立了一个基于行动者模型，似乎很明显，它需要被检查是否有效，也就是说，它实际上是不是它声称要表达的东西的一个好模型。然而，有效性检验的理论和实践都比人们刚开始预期的要更复杂和更具争议性。这些议题与建模者的各种目标有关，这些目标意味着不同的有效性检验标准，以及获得足够数量的合适的社会科学数据以进行系统有效性检验的巨大困难(Troitzsch，2004)。在讨论有效性检验的一些技术之前，我们首先思考概念性问题。

　　基于行动者模型可以主要针对某个理论的形式化(例如，谢林的居住隔离模型，见第1章)，在这种情况下，模型很可能被定位在一个非常抽象的层次上；或者它们可以旨在描述一类广泛的社会现象，比如工业区的发展或消费者行为；或者它们可以旨在为一个特定的社会状态提供一个非常具体的模型，如在第1章中提到的一些电力市场模型，其中市场的精确特征，包括发电厂的位置和消费者需求的模式，都是相关的。每种类型的基于行动者模型都需要不同的方法去进行有效性检验(Boero & Squazzoni，2005)。

抽象模型

　　抽象模型的目标是展示一些基本社会过程，这些过程可能隐藏在社会生活的许多领域中。一个很好的例子是爱泼斯坦和阿克斯泰尔(Axtell)的开创性著作《成长的人工社会》(*Growing Artificial Societies*)(Epstein & Axtell, 1996),它提出了一系列连续的逐渐复杂的人工社会的经济模型。另一个例子是本章前面介绍的集合体模型。这些模型并不打算对任何特定的经验案例进行建模,而且对于某些模型而言,可能很难发现这些模型与观察数据有任何紧密的联系。例如,谢林的模型一般建立在一个规则的环形网格上,行动者被二分为两种类型(例如,红色和绿色)。该模型的这些特征显然不是作为任何真实城市或真实家庭的经验描述。那么,如何检验这种模型呢?

答案是将这些模型看作理论发展过程的一部分,并将通常应用于评价理论的标准应用于它们。也就是说,抽象模型需要在宏观层次上产生被期望的和可解释的模式;需要基于在微观层次上较为合理的行动者行为规则;而且,最重要的是,能够进一步产生更具体的或"中层"的理论(Merton, 1968)。正是这些中层理论和基于这些理论的模型能够根据经验数据进行有效性检验。如果一个抽象模型是运用演绎策略创建的,那么就会有一些关于行动者行为的假设和关于预期的宏观层次的模式。因此,第一个有效性检验测试就是评估模型是否确实产生了预期的宏观层次模式。更加彻底的测试是看当模型的参数被系统地改变后将会发生什么(见第 4 章第 6 节,关于敏感性分析)。我们希望,随着参数的变化,宏观层次的模式保持不变,或者,如果它们确实发生了变化,可以对这些变化进行解释。例如,在谢林模型中,我们可以改变行动者的容忍度。当容忍度取较小值时,家庭很少能找到他们满意的地点,而且模拟要耗费很长时间才能达到稳定状态,如果该模型曾经达到过的话。当容忍度取足够大的值时,不管该家庭的邻居颜色如何,他们都会感到满意,初始随机分布几乎没有变化。

一旦通过了这些基本的测试,人们就可以评估模型是否能用来为有关特定社会现象的理论提供信息,然后检验这些理论。例如,如果人们用谢林模型来解释种族隔离问题,就需要发展这一理论,以包括在城市地区选址决策中无疑具有重要意义的其他因素,包括住房存量的可负担性和可用性、两个以上的种族的存在和不属于任何种族或属于不止一个种族的人群,以及种族态度的函数形式。布鲁赫和梅尔(Bruch & Mare,2006)提出,谢林模型中的隔离效应取决于行动者对幸福或不幸福的二分法态度,如果行动者有一个从非常不幸福到非常幸福的平滑的连续态度,就不会导致群体聚集的出现。

中层模型

我们在第 1 章中提到的那些模拟消费者行为、产业区,或者创新网络的模型,都被认为是"中层"模拟。它们都旨在描述某个特定的社会现象的特征,只是以一种具有足够普遍的方式,使它们的结论能够被广泛地应用于大部分的情境,例如大多数产业区,而不仅仅是一个产业区。

这类模型的通用性意味着通常不太可能将它们的行为与任何特定的可观测实例进行精确比较。相反,人们希望能满足于质量上的相似性。这意味着模型的动态应该与观察到的动态相似,模拟的结果应该显示出与现实世界中观察到的相同或相似的"统计特征";换言之,两者结果的分布在形状上应该是相似的(Moss,2002)。

例如,人们在创新网络中发现的公司与同一产业部门中的其他公司有合作关联。如果我们统计每个公司合作伙伴的数量,并绘制出合作伙伴数量的对数与这些合作伙伴有关联的公司数量的对数相比较的图,这个图大致就是一条有固定斜率的直线(例如,Powell,White,Koput,& Owen-Smith,2005:图3)。在取对数的变量之间的线性关系就是幂律的统计特征,这是许多社会网络的特征,包括从公共电力网络到万维网(Barabási,2003)。我们预计,创新网络的模拟也会显示出具有类似斜率的公司间联系的幂律分布。

马莱尔巴、尼尔森、奥瑟尼格和温特(Malerba,Nelson,Orsenigo,& Winter,2001)关于计算机行业的研究就是一个中层模型的例子。他们将该模型描述为"历史友好型"(Windrum,Fagiolo,& Moneta,2007),他们的意思是,虽然这个模型没有再现计算机行业的确切历史,但它确实以一种格式化和简约化的方式把握了关于计算机行业演变的决定因素的理论焦点,该理论同时具有一定鉴别力。此模型能够通过一个与基本理论假设相一致的参数设定,复制行业历史上的主要事件(Malerba et al.,2001:第6.1段)。

他们还注意到,"参数标准设定上的变化实际上会导致不同的结果,'替代历史'与观察到的程式化事实的基本因果要素相一致"(Malerba et al.,2001:第6.1段)。

传真模型

　　传真模型的目的是尽可能精确地提供一些特定目标现象的再现，通常是为了用它对目标的未来状态作出预测，或者预测某些政策或规则改变时会发生什么。例如，一个公司可能想知道缩短发送补货订单的时间间隔会对其库存水平产生什么影响。这就需要一个模型，能够精确地代表该公司所有的供应商、每个供应商提供的货物，以及这些货物的单位数量等，以便能够做出合理的预测。另一个与之不同的例子是阿克斯泰尔及其同事（Axtell et al., 2002）和斯韦德伦德、塞滕斯派、华伦和古默曼（Swedlund, Sattenspiel, Warren, & Gumerman, 2015）关于美国西南部阿那萨吉印第安人的研究。大约在公元前 1800 年，这些印第安人在长屋河谷开始种植玉米，但到 3 000 年后就放弃了这块区域。阿克斯泰尔及其同事的模型旨在追溯该河谷中的定居模式，并将其与考古学记录逐户匹配。

　　如果能够获得这种精确的匹配，以上模型将是非常有用的，不仅能对作为模型基础的理论有一个强有力的证明，而且也有助于进行合理预测。然而，我们有理由相信，与特定现象的观察结果完全吻合的模拟可能是罕见的，而且只限定于相当特殊的情况。大多数的社会模拟都包含了一些随机性因素。例如，行动者可能具有从随机分布中被分配的初始特征；如果行动者发生互动，它们的互动伙伴可能被随机选择；等等。这种随机效应体现在当模型运行多次时，每一次都产生不同的结果。即使这些结果只是略有不同，但我们希望出现的最好情况就是最常见的结果——模型输出结果分布模式——与实际观察到的结果相一致（Axelrod，1997a；Moss，2002）。如果不是这样，人们可能就想要知道，这是不是因为现实世界中发生的随机事件的特定组合是一个例外，如果有可能多次"重新运行"真实世界的话，最常见的结果是否会更接近模型中看到的结果。

复杂性

与随机性相关的是复杂性概念。从这个词的技术意义上看，复杂性是系统中许多不同成分之间的相互作用，这些相互作用是不成比例的。一些物理系统是复杂的，例如地球的气候；许多生态系统和社会系统也几乎都是复杂的，例如组织。许多系统不仅复杂，而且具有自适应性，这意味着系统各组成部分会随着环境的变化而改变或学习。基于行动者模型非常适用于复杂系统的建模，因为各组成部分可以被表示为行动者。复杂系统有两层重要的含义：第一层含义是系统作为一个整体的行为往往是涌现的，即不仅仅是各组成部分行为的集合。第二层含义是随着时间的推移，系统的轨迹可能无法精确预测。前者的一个例子是，像公司这类组织的行为不仅仅是其雇员个人活动的总和，而且是取决于组织的结构和雇员的互动方式。一个经常被引用的关于不可能精确预测一个复杂系统的未来路径的例子就是天气预报。无论用来做天气预报的计算机的功能多么强大，都无法做出超过 10 天的准确预报。同样，一个证券交易所指数的精确值也不可能提前很长时间被预测。

第 6 节 | 检验的技术

在检验模型时需要考察两个方面:一是理论与该理论的模型之间的契合度;二是模型和模型所要模拟的真实世界现象之间的契合度。

比较理论和模型:敏感性分析

评估一个理论与其模型之间的契合度的最好方法是,用该理论推导出几个关于变量之间预期关系形式的命题,然后检查在使用各种参数设置运行模型时,预期分布是否确实会出现(Grimm & Railsback,2012)。每个参数设置都对应着模型的一个假设。我们应该通过测量经验数据或进行敏感性分析来检查每个设置。尽管测量值是最好的,但有许多参数是无法通过经验检查的,对于这些参数,某种形式的敏感性分析是必不可少的。例如,科学和技术创新的模型经常涉及代表代理人之间的知识流动,但在实践中,知识转移的速度是不可能在世界范围内观察到的,尽管它可能在模型中得到测量。

敏感性分析的目的在于了解在什么条件下模型会产生预期的结果。例如,对于第 1 章中描述的舆论动力学模型,人们可能会问:"极端分子要多极端才能使所有行动者最终都加入极端派别?"为了找出答案,我们需要对一系列不确定的参数值进行模拟,参数值的范围可能是从 0.5 到 1.0,步长为 0.1(即运行 6 次模拟)。但是,该模型包含随机因素(例如,行动者"相遇"和交换意见的顺序是随机的),因此我们不应满足于只运行 6 次,而应该对每个不确定的参数值都进行多次模拟,以获得一个平均值和方差。如果对每个参数设置重复运行 10 次(重复次数的选择需要考虑到变化量,以便得到一个有统计意义的结果),那么我们就需要执行 60 次模拟。

更糟糕的是,大多数模型都包含许多参数,而且它们之间的相互作用可能会影响模拟结果(例如,出现极端分子团体的数量取决于极端分子的不确定性,以及极端分子在政治谱系中的分布,参数的影响既是独立的,也是混合的),因此,在理想状态下,人们需要检验全部参数的所有值在所有组合下的输出结果。即使只有几个参数,也需要一个天文数字般的模拟次数,因此这并不是一个实用策略。

如果我们把每个参数的范围看作分布在一条轴线上,那么所有参数的集合就定义了一个多维的参数空间,其中每一个点都对应一个参数值的组合。然后,在进行完整的敏感性分析时,参数值范围能够被量化为这个空间的体积,任何削减空间的方法都将减少所需的模拟运行的数量。一个有效的方法是使用以前的经验性知识去尽可能多地限制参数范围。例如,我们可能知道一个参数,虽然理论上可以取 0 到 100 之间的任何值,但事实上从来没有观察到该参数的值大于 10。或者,我们可以通过限定我们测试的参数值范围来限制模型的适用性:我们可以报告说,只有参数是 5 到 10 之间的某个值时模型才是适用的,而不考察当参数超出这个值域范围时会发生什么。

另一种方法可以与限制参数范围结合起来使用,就是对参数空间进行抽样。我们并不在空间中的每一个点上执行模拟运行,而只是使用某些点。这些点可以是随机选择,也可以是有意识地选择,以便检视我们认为特别有趣的组合,或接近模拟行为预期发生重大变化的那些区域(相变)。

哪些参数需要分析,哪些变量需要观察,可以参考有关"实验设计"文献中的建议(Kleijnen, 2015;Lorscheid, Heine, & Meyer, 2012)。该文献最初关注的是农业实验的设计,以确定最佳的植物品种,但现在已经发展到涵盖了包括模拟实验在内的所有类型的实验。通过实验设计,我们可以减少模拟运行的数量,并通过仔细和系统地选择要改变的参数和改变的程度,以及要进行多少次模拟,使其效果最大化。

这种方法的一个复杂版本是使用一种学习算法,例如遗传算法(见第 2 章第 5 节)来搜索空间,以确定某些输出变量的最大值或最小值区域(Chattoe, Saam, & Möhring, 2000),也可以把这个过程倒过来。与其改变一个或多个输入参数并观察输出的变化,不如确定我们自己感兴趣的输出行为,并寻找最能产生该输出的输入参数组合,这种方法称为"基于查询的模型探索"(Stonedahl & Wilensky, 2011)。

由于基于行动者模型是随机的——也就是说,计算涉及随机数,因此一次模拟运行的结果可能与下一次的结果不一样。通常情况下,人们会进行多次模拟运行,然后取平均结果,对所有的模拟进行平均。但是,我们应该使用多少次模拟呢? 这个问题在理论概念上最简单的答案是将累积的平均结果及其标准误差(平均数的标准偏差除以模拟运行次数的平方根)与迄今为止的模拟运行次数作对比。通常情况下,平均数会收敛于一个稳定的数值,而且平均数的标准误差会随着模拟次数的逐渐增加而减少。然后,当标准误差下降到围绕平均数的 95％置信区间(即平均数＋/－1.96×标准误差)对当前的目的来说足够小的时候,就可以停止运行。里特等人(Ritter, Schoelles, Quigley, & Klein, 2011)利用基于 ACT-R 的心理模拟(见第 2 章第 1 节"认识模型"部分)很好地解释了这一点。李及其同事(Lee at al., 2015)讨论了其他更复杂的决定最低模拟次数的方法。

比较模型和经验数据

正如在前一节中所讨论的,并不是所有的模型都被期望去匹配经验数据,也可能没有有效的数据与那些以发展理论为目标的模型相比较,而且没有理由去进行经验测试。对于中层模型而言,检验的标准是看模拟生成的输出结果是否在性质上与那些在社会世界中观察到的结果相似,但我们并不期望两种结果在数量上也匹配。只有在被我们称为"传真模型"的情况下,才对模拟数据和经验数据之间的比较有严格的要求。在这一部分中,我们将介绍进行这种比较的一些方法。

社会科学家习惯于将从模型中获得的数据与从现实社会中收集的数据进行比较,这种比较在一般线性回归方程每

次计算 R^2(决定系数)时潜在地进行(Field & Iles,2016; Fielding & Gilbert,2005)。这种模型就是回归方程,它可以计算因变量的预测值。同样,我们能够测量从一个模拟模型中得到的输出变量值与经验观测值之间的拟合度(实际上,就只是两组数值之间的相关系数)。然而,这种简单的程序却提出了几个强有力的假设,这些假设虽然在线性回归中经常得到满足,但对模拟模型来说却不太合适。这些假设包括:误差近似正态分布,但基于行动者模型往往不是这样的。有一些标准的技术来检验正态性(例如,残差图)和处理非线性(例如,取对数和使用非参数统计),这些技术已在统计学教科书中有所描述(如 Huet,Bouvier,Poursat,& Jolivet,2004)。

模拟模型的一个重要特征是,输出变量的值随着模拟的运行而变化。例如,在一个消费者行为模型中,在模拟过程中可能会观察一个特定品牌的购买者数量从零增长到大多数。然后,可以将这种增长趋势与实际产品的销售增长进行比较。这可以从视觉上进行,比较两个时间序列,但如果两个序列中存在时间滞后或不同的时间尺度,这可能会很困难。处理这个问题的一个有用技术是动态时间扭曲(Lee et al.,2015)。我们也可以使用统计技术来比较时间序列,尽管我们必须考虑到存在自相关的事实:时间 $t+1$ 的值与时间 t 的值并不独立。可以使用名为"自回归综合移动平均数"(ARIMA)的统计程序来比较此类时间序列(Chatfield,2004)。

此外,还需要考虑哪些输出应该根据数据进行检验。考虑这个问题的一个有用方法就是所谓的面向模式的建模

(Grimm & Railsback，2012)。在检验的情境下，我们应该在模拟中寻找模式，并检查这些模式是否在数据和模拟输出中都是匹配的。模式是两个或多个变量之间的关系，或许是空间或时间安排之间的关系。例如，如果我们要检验一个隔离模型(参见第1章第2节"城市模型"部分)，可以首先考察按种族划分的家庭聚集模式。但是，除此之外，人们还可以将模型中模拟的家庭收入分配与城市中实际的家庭收入分配进行比较；也可以对少数民族的态度的微观分布、家庭的居住地点偏好分布、单位时间内搬家的次数等进行比较。匹配的模式越多，支持模型的证据就越强。虽然基于错误的种族隔离理论的模型有可能与这些模式中的一个相匹配，例如，族群社区的聚集(由于等效性；请参阅第3章第1节)，但它不太可能正确匹配所有的这些模式。尽管面向模式的建模对数据的可用性有较高要求，但它可以成为一种强大的检验方法。温德罗姆及其同事(Windrum et al.，2007)从经济学角度回顾了其他实证检验的方法。

在讨论了如何设计和开发模拟模型之后，第5章将讨论如何利用模拟的结果，包括项目规划、出版和对政策产生影响的技巧。

附录：模拟库和环境的特性

表4.1在几个标准上对几种流行的基于行动者建模环境进行了比较，使用的是主观判断。没有一个建模环境适用于所有用途，在它们之中进行选择，需要结合自己在编程方面的专业知识和经验、模型的复杂性，以及项目的目标

表 4.1　对一些基于行动者建模库和环境的比较

	Repast Simphony	Mason	NetLogo	GAMA	AnyLogic	Cormas
许可证	GPL	GPL	GPL	GPL	商业（可获得免费的个人许可证）	MIT/Apache
文件	有限	完善,有限	好	好	好	有限
用户群	大	中等	大	中等	主要是商业	小
建模语言	Java, Python	Java	NetLogo	GAML	Java	SmallTalk
执行速度	快	最快	中等	中等	快	中等
支持图形化用户界面开发	好	好	用点击很容易创建	优秀,与 GIS 紧密结合	非常好,含有 3D 图像	非常好
支持系统性实验	是	是	是	是,基础	是	不支持
学习和编程的容易度	中等	中等	好	好	中等	中等
安装容易度	中等	中等	非常容易	容易	中等	容易
更多信息	https://repast.github.io/	https://cs.gmu.edu/~eclab/projects/mason/	http://ccl.northwestern.edu/netlogo/	https://gama-platform.github.io/	https://www.anylogic.com/	http://cormas.cirad.fr/

注:GPL,General Public License,通用公共许可证。http://www.gnu.org/copyleft/gpl.html; GIS: Geographical Information System,地理信息系统。

（例如，项目是否具有探索性、模型是否相对简单，或者项目
是否打算构建一个相对复杂的模型并根据数据详尽地测试
其行为）来进行选择。这些模拟库和环境都在继续发展，并
且发展得非常快，所以表 4.1 中的信息需要根据每个系统的
当前状态进行核对。其他的比较和回顾可以参考：Abar，
Theodoropoulos，Lemarinier，& O'Hare，2017；Allan，
2010；Castle & Crooks，2006；Gilbert & Bankes，2002；
Railsback，Lytinen，& Jackson，2006；Tobias & Hofmann，
2004；网站：https://www.comses.net/resources/modeling-
frameworks/和 https://en.wikipedia.org/wiki/Comparison_
of_agent-based_modeling_software。

第 **5** 章

使用基于行动者模型

第 1 节 ▏计划一个基于行动者建模项目

像任何研究项目一样,提前分步骤地计划好一个模拟项目是有帮助的,然后,你可以对你的计划有可能实现更加充满信心,而且如果你明显落后于计划,你可以采取补救措施。虽然大多数的模拟项目在本质上与使用其他研究风格的项目并无不同,但有一些特殊的特点需要注意。

(1)不要低估它要花费的时间。人们倾向于只考虑花费在撰写代码上的时间,但是,通常设计一个模型所要花费的时间与撰写代码的时间一样长,而且经常要花费比写程序更长的时间去清除程序漏洞。因此,估计编写程序所需要的时间,然后将其至少乘以 3,得出模型开发所需要的总时间,这并不悲观。除非使用一个如 NetLogo 的建模环境,否则大部分编程时间就都将被开发用户界面和结果显示程序所占用,而不是被模型代码本身所占用。这就是建模环境如此有价值的原因之一——它们能节省大量工作。

(2)保存日志。在项目的各个阶段你都会有想法出现,除非你把它们记在日记或实验本上,否则你很有可能忘记它们。要特别注意你在建立模型时遇到的问题:你最初认为只是技术性编程问题的困难,可能会被证明具有更广泛的意义。例如,如果模拟的结果看上去对一个参数的特定值非常敏感,这可能只是在建立模型时的一个问题,但它也可能暗示了关于这个参数在真实世界中的作用的某些实质性结论。

在大型项目中,如果有几个研究人员在一个团队中工作,还有一些额外的问题需要考虑。

(3) 寻找具有适当技能的人。如果你是一个单独的研究者,你会知道你在多大程度上已经熟练掌握了模型编程。如果该项目是一个较大型的项目,其中有一些分工,你可能需要招募一些在建模方面有专长的人。因为基于行动者的模拟仍然是一种新方法,很难找到具有丰富经验的研究者,你可能需要满足于雇用一些具有其他技术的人员,并对他们进行基于行动者建模的培训。特别有用的技能是熟悉用 Java编程。即便你并不打算使用一个基于 Java 的程序库(参见第4 章第 1 节),Java 课程所提供的编程基础也是非常有用的。同样有用的是在有待建模的领域中的一些研究经验;以及清晰写作的能力,这对准备报告和论文至关重要。

(4) 参加项目内部交流。如果不止一个人在做项目,需要注意确保每个人都理解对方,并知道其他人正在做什么。虽然在所有的团队工作中都是如此,但在建模项目中,通常会有一些人是研究领域内的专家,但对建模却知之甚少,还有另一些人是建模专家,但对研究领域内的知识却知之甚少。双方可能都会对提出问题以及向其他人暴露自己的无知感到不自在。在较大的项目中,可能有必要安排专门的培训课程,由在项目特定方面有较多了解的人向其他人传授知识,以使大家都达到共同的知识和技术水平。

(5) 注意时间安排。大多数建模项目都会涉及一些数据收集和模型开发的工作。如果模型设定有待经验数据的收集和分析，而数据收集又取决于事先对要测量对象的精确界定，这在时间安排上就可能比较棘手。除非小心谨慎，否则就会陷入建模者和数据收集者都无法行动的局面。

(6) 有计划地编写好文档。描述模型、模型的假设、如何运行模型以及输出结果的解释和限制对于任何项目都是至关重要的，对大型项目来说尤其如此。文档应该作为所有参与模型的人(委托、指定、构建和使用)之间的沟通手段，同时也作为历史记录，以便以后可以重新使用和维护模型，并证明结果的合理性。在合适的细节水平上编写全面的文档需要练习。可参阅埃特(Etter，2016)的简短指南。

在编写文档时，使用标准化的模板往往很有帮助。一个流行的模板是概述(Overview)、设计概念(Design concepts)和细节(Details)，或称 ODD(Grimm et al.，2006；Grimm，Polhill，& Touza，2017)。ODD"旨在通过规定具有逻辑顺序的描述结构来促进可读性"(Polhill，Parker，Brown，& Grimm，2008，n. p.)。在 ODD描述中，所有建模实体和流程以及研究的目的都在"概述"部分介绍。在"设计概念"部分，根据从复杂自适应系统文献(Railsback，2001)中得出的概念清单(如涌现、适应)来讨论该模型。最后，模型的实现包括实验设置和输入，都在"细节"部分中进行规定。因此，ODD 不仅涵盖了模型的描述，还涵盖了模型的目的以及仿真实验的初始化和输入。ODD+D 是对原始 ODD 协议的改编和扩展，增加了一些功能来帮助描述行动者的决策，并鼓励记录模型的基本理论基础，这些都是(起源于生态学的)ODD 用于社会经济模型时被发现缺乏的领域(Müller et al.，2013)。

第 2 节 | 报告基于行动者模型的研究

学习如何报告基于行动者建模结果最好的方法是研究别人是如何做的。从你认为有帮助或有趣的论文中选择一个例子,仔细研究作者是如何构建这些论文的,以及是什么使它们具有说服力。虽然基于行动者建模是一个崭新的领域,还没能发展出一套非常完善的关于如何写作论文的惯例规范,但是也有一些共同的要素(Axelrod,1997a)。在瑞查迪、雷布鲁尼、萨姆和索尼萨(Richiardi,Leombruni,Saam,& Sonnessa,2006)的著作中可以找到一些有帮助的讨论。

基于行动者建模报告或期刊文章的主要部分通常如下所示。

1. 摘要,应该指出(大致以此顺序):

(1)论文的主要研究问题;

(2)论文的发现和结论;

(3)使用的方法(如基于行动者建模、抽样调查分析),以及对经验数据而言,收集数据的样本。

2. 引言,介绍论文中要解决问题的背景,并解释为什么这个问题是有意义的。

3. 文献综述,论述以前的研究,并说明为什么这篇论文报告的研究对以前的研究是有价值的补充或改进。应该回顾关于研究问题或领域的文献,还有关于相关模型的文献,即使这些文献以前没有被应用于该领域。这一部分应该明确说明报告的研究中哪方面是一个进步,以及它如何借鉴了以前的研究。

4. 对你想要解释的规律性的陈述(这通常是对引言和综述内容的一个总结)。这些陈述可能是一组你想要证实(或证伪)的正式假设,也可能是不那么正式的表述。

5. 对模型的描述。描述需要足够详尽,在原则上,应该能使读者可以重新执行你的模型,并得到相同的结果,但不用包含程序代码(某些读者不知道或不理解你使用的编程语言)。作为替代,可以使用图形(如 UML)或虚拟代码来描述你的模型(参见第 4 章第 3 节)。要特别注意模型中事件发生的顺序,这是准确地重新实现一个模型时最常见问题的来源。不要害怕包括与变量有关的方程,如果这些方程有助于精确地设定你的模型。

6. 参数描述。你为每个参数选择的值都需要解释和说明。一些值的选择可能是基于对社会世界的观察(例如,在劳动力市场模型中的就业率);一些值的选择可能是基于你已经用敏感性分析考察改变参数值的效果后,所作的合理的猜测;一些值的选择可能是逆向推断,因为只有这些值才能提供你想要用模拟来证明的输出模式。所有这些都需要加以解释。

7. 结果描述。这几乎肯定涉及展示和评论图表,这些图表显示了你从模拟运行中观察到的变量是如何相关的。要认真去弄清楚执行这些模拟的条件。例如,这些图是否显示了多次模拟运行的平均值? 如果显示了的话,运行了多少次以及运行之间的差异有多大(你可能考虑使用误差条来显示差异的程度)? 如果你显示的是一个变量从零步开始随时间变化的趋势,请确保你绘制的运行时间足够长,以便能够清楚地看到这个趋势已经变得稳定,并且不太可能在图表之外发生剧烈变化(Galan & Izquierdo,2005)。如果你将变量的值与它们在一个特定的时间步长上的值联系起来,请确保你说明了测量时的时间步长。

8. 讨论你采取了哪些步骤来验证(见第 4 章第 4 节)和确认(见第 4 章第 5 节)模型,以及读者因此应该对你的结果有多少信心。

9. 结论。这一部分应该列出第 4 节中的假设,并清楚地说明模型证明这些假设是正确的,还是错误的,或没能被证明。然后这一部分可以对引言中的观点做进一步发展,提出一个一般性的结论,也许还可以推测其影响。例如,如果论文是关于劳动力市场的,考虑什么样的政策可能或不可能成功地降低失业率。

10. 致谢。简要地感谢赞助者、资助者以及那些帮助你进行研究的人。

11. 参考文献清单。只需要包含论文中引用的作品,而不用列出其他作品。一般而言,你需要确保按照你希望发表的期刊所要求的格式提供完整的书目细节。

12. 附录(供选择)。可以放置大型表格,或者可能还有你模型的虚拟代码版本。

13. 可以下载你的模型代码的网站链接(Janssen,2017)。

程序代码可供其他人阅读、检查和使用,这与描述你的模型以便发表几乎同样重要。除非代码是可供查阅的,否则其他人不太可能重复你的模拟、尝试其他参数设置,甚至复制你的结果。许多期刊都坚持或建议公开模型代码。尽管人们可以仅仅将代码链接到个人网页上,但这并不是个好主意,因为代码需要永久可用,而个人网页甚至机构网站会随着时间的推移而被替换或删除。存放代码的最佳地点是专门的存档站点,如 OpenABM(https://www.comses.net/),它专门为基于行动者模型提供服务。

归档代码时,不仅需要提供程序代码本身,还需要提供文档和元数据的副本,即关于模型版本的信息,存档日期,使用的操作系统和建模环境,任何需要的库或文件,关于如何安装、启动和运行模型的说明等。OpenABM 有一个用户界面,可以很容易地按要求的格式提供所有这些数据,并对上传的模型进行审查,以确保它们符合网站的模型代码和文档标准。

第 3 节｜针对公共政策的基于行动者模型

开发基于行动者模型的主要目的之一是协助制定公共政策。如果你回看一下第 1 章第 2 节中基于行动者模型的例子，会发现很多都与政府或商业政策有关，例如降低居住隔离、提高商业创新、设计电力市场规则，以及管理农业灌溉。当人们开发基于行动者模型用于政策制定时，或者用于纯研究之外的任何用途时，有几个关键考虑因素（Gilbert，Ahrweiler，Barbrook-Johnson，Narasimhan，& Wilkinson，2018）：

（1）模型需要在一个适当的抽象水平上。虽然这是所有建模都要考虑的问题，但对于政策模型来说尤其如此，因为利益相关者可能要求对每个细节进行建模，这就需要比现有的数据多得多的数据，从而使建模耗时更长，使其比实际需要的更困难。另一方面，过于抽象的模型（请参阅第 4 章第 5 节"抽象模型"部分）有可能无法产生适用于目标领域具体情况的结果。

（2）用于校准和检验的数据的可获得性。通常情况下，时间数据序列（纵向数据）根本无法获得，或者获取不充分。然而，这不应该成为放弃建模的借口；设计和构建模型的努力本身对于确定政策领域中的重要问题是有价值的,可能促进利益相关者之间更有效的沟通,并可能揭示出可以使用比最初考虑的数据来源更多的其他数据。在缺乏数据的情况下,敏感性分析可以是一个部分的替代(见第4章第6节"比较理论和模型:敏感性分析"部分)。

(3) 质量保证和维护。利益相关者可能希望确保模型符合质量标准,可能会采取使用外部评审者来检查模型及其文档和检验(HM Treasury, 2015)。此外,如果该模型将继续在决策过程中发挥作用(例如,为协助评估政策选项而开发的模型,在对政策进行评估时可能有价值),就需要做出维持该模型的安排,以便使其继续工作,这可能需要多年时间,并伴随着人员、编程语言、硬件和组织结构的演变。

(4) 伦理。由于政策模型是决策过程的一部分,有可能直接影响人们的生活,因此必须考虑模型的伦理影响。通常,用于校准的数据是个人数据,必须按照数据保护法和数据主体知情同意条款来处理。我们还必须考虑这些数据是否具有代表性,而不是有偏误的(例如,只从部分的人口中获得,如白人男性)。对于模型的输出结果,必须以道德的方式进行交流,适当注意结果的确定性或不确定性程度,并清楚地展示结果,以便使用模型的人能够理解模型的假设和逻辑。

附　录

附录 1 | 资　源

团体与协会

有三个区域性协会推进社会仿真和基于行动者建模的发展,每个协会都举办年会。每隔一年,它们共同组织一次世界大会。

(1) 美洲计算社会科学学会(Computational Social Science Society of the Americas, CSSSA),网址:https://computationalsocialscience.org/。

(2) 太平洋亚洲社会系统科学中的基于行动者方法协会(Pacific Asian Association for Agent-Based Approach in Social Systems Sciences, PAAA),网址:http://www.paaa.asia/。

(3) 欧洲社会仿真协会(European Social Simulation Association, ESSA),网址:http://essa.eu.org/。

你可以缴纳少量的年费加入这些协会,它们为进入基于行动者建模研究社区提供了一个非常有用的入口。

期刊

使用基于行动者建模的研究既出现在特定学科的期刊

中,也出现在关注社会仿真的跨学科期刊中。两个最著名的跨学科期刊为:

(1)《人工社会和社会仿真期刊》(*Journal of Artificial Societies and Social Simulation*,*JASSS*)。这是一个在线电子期刊,在互联网上就可以获得。它不用订阅,是免费的。你可以在首页(http://jasss.soc.surrey.ac.uk/)上注册,以便在每一期发行时都收到一封电子邮件(每年四期)。

(2)《计算机和数学组织理论》(*Computational and Mathematical Organization Theory*,*CMOT*)。这是印刷的纸质期刊,有一个在线收费的版本:https://www.springer.com/business+%26+management/journal/10588。

其他偶尔发表基于行动者建模论文的期刊包括:*Artificial Life*,*Complexity*,*Computational Economics*,*Ecology and Society*,*Emergence*:*Complexity and Organization*,*Environment and Planning B*,*Environmental Modeling and Software*,*Journal of Economic Dynamics and Control*,*Physica A*:*Statistical and Theoretical Physics*,*Simulation and Gaming*,*Simulation Modeling Practice and Theory*,*Social Networks*,*Social Science Computer Review*。

通信名单和网址

SIMSOC的电子邮件发送名单会发送即将召开的会议、工作坊和基于行动者建模者会感兴趣的工作。你能在http://jiscmail.ac.uk/lists/simsoc.html 上加入这个名单或查看名单文件。

有一个由利・泰斯范特辛(Leigh Tesfatsion)维护的称为"基于行动者计算经济学"(Agent-Based Computational Economics)的精彩网站,在上面有许多分类明确的链接,可以获取广泛的文献。网址:http://www.econ.iastate.edu/tesfatsi/ace.htm。

本书的网址为 https://study.sagepub.com/research-methods/qass/gilbert-agent-based-models-2e。在那里你能找到集合体模型的代码和其他资源。

附录 2 | 术语表

行动者(agent):一种计算机程序或程序的一部分,被认为是自动运行的,代表个人、组织、国家或其他社会行动者。

类比模型(analogical model):一个基于被建模的目标和模型的形式之间的类比的模型。

属性(attribute):行动者的特性或特征。它可以在模拟开始时设置,并且可以在运行期间改变数值,以表明行动者的变化。

有限理性(boundedly rational):在许多情况下,做出一个完全理性的决定将涉及无限的计算或需要无限的信息量。因此,我们假设人们是有限度的理性,也就是说,人们在做决定时,能够参与的认知处理量是有限的。

缓冲区(buffer):计算机内存中的一个区域,用于临时储存数值,通常以先进先出为原则。

染色体(chromosome):在遗传算法中,染色体是一组参数,定义了一个拟订的解决方案。染色体通常由一串二进制数字、浮点或整数值组成。

类别(class):在面向对象编程中,类是一种对象类型的规范,显示该类实例具有的属性和方法。

分类器系统(classifier system):(学习分类器系统的简

称。)由霍兰德(Holland，1975)首次提出，分类器系统由一组二进制规则的集合组成。遗传算法修改并选择最佳规则。规则的适用性由强化学习技术决定。

伴生模型(companion modeling)：一种建模形式，在这种建模中，模型的开发与模型中可能被代表的人密切相关，他们可能从模型产生的知识和理解中受益。

控制(control)：在社会科学和医学领域，实验通常在两个相似的群体中进行，其中一个群体接受处理，而另一个群体作为对照组，不接受处理。然后对两组的结果进行比较。

交叉算法(crossover)：在进化计算中，一种从父母染色体的相应部分创建新染色体的方法。交叉算法经常在遗传算法中被使用。

环境(environment)：行动者所在的模拟环境，可能包括模拟的物理元素和其他行动者。

基于方程的模型(equation-based model)：由一个或多个方程组成的模型，这些方程与描述系统的变量有关(Van Dyke Parunak，Savit，& Riolo，1998)。

等效性(equifinality)：相似的结果可以从不同的初始条件并以许多不同的方式获得。

适应性(fitness)：适应性在进化计算中对个体在环境中的适应度进行衡量，用于确定个体繁殖并将其染色体的一部分传递给下一代的可能性。

框架(framework)：一个程序或库，旨在使开发基于行动者模型更加容易。框架提供一些标准化的组件，并可能提供模型的基本设计。

遗传算法(genetic algorithm，GA)：一种模拟进化的方

法。通过使用交叉和变异操作符以及确定个体繁殖可能性的适应性函数，对每个具有固定长度染色体的个体群体进行进化。遗传算法在适应性景观中执行一种类型的搜索，旨在找到具有最佳适应性的个体。

地理信息系统（geographical information system, GIS）：一种以公共空间坐标系为主要参考工具的数据库类型。地理信息系统提供了数据输入、存储、检索和显示，数据管理、转换和分析，以及数据报告和可视化的设施。

全局变量（global variable）：一个变量，其值可以在整个程序中被访问和设置，而不是只在某些有限的环境中。

理想类型（ideal type）：理想类型模型是通过突出强调一个或多个特征来创造一个统一的分析结构，从具体社会现象中实际发现的各种情况中抽象出来的模型。

实例化（instantiate）：在面向对象的计算机语言中，通过遵循类型所代表的规范而形成一个对象的过程。该对象是该类型的一个实例。

信息（message）：两个行动者之间的符号通信，通常表示为一串字符。

方法（method）：在面向对象的编程中，一段与类型相关的、执行一定功能的程序代码。方法通常是对类型的实例所收到的信息的回应。

微观基础（micro foundation）：关于个人行为的假设和理论，为行动者的设计提供信息。行动者的行动预期会导致出现与现实世界宏观现象相对应的特征。

模型（model）：对某些社会现象的简化表述。执行或运行该模型会产生一个模拟，其行为旨在反映某些社会过程。

建模环境(modeling environment)：一种允许用户创建、执行和输出可视化模型的计算机程序。

斑块(patch)：在 NetLogo 中，构成模型行动者(在 NetLogo 中称为"乌龟")环境的网格单元。

相变(phase change)：一个系统整体状态的突然变化，是由一个变量的微小变化引起的。类似于材料的相变，例如，当材料的温度上升到熔点时，材料从固体变为液体。

策略(policy)：在强化学习中，策略将世界的状态映射到行动者在这些状态下应该采取的行动。

幂律(power law)：两个变量之间的关系，即一个变量与另一个变量的幂成正比。如果对每个变量取对数，对数变量之间的关系是线性的，可以在两个对数变量的图上表示为一条直线。许多描述复杂系统的变量之间的关系遵循幂律。

生产(规则)系统[production(rule) system]：一个问题解决系统，包括一个由规则和一般事实组成的知识库、与当前案例有关的事实的工作存储器，以及操作这两者的推理引擎。规则通常以这样的形式出现——"如果(条件)，那么(行动)"。

强化学习(reinforcement learning, RL)：一种机器学习，关注的是行动者应该如何在一个环境中采取行动，以使长期回报最大化。

研究问题(research question)：一个问题，其答案可以通过开展研究找到。它需要足够具体，以至于研究有合理的可能性获得结果，但又不能太具体，以至于结果的用途或普遍性有限。

溯源(retrodict)：对过去进行预测。正常的预测是在一些理论和假设的基础上估计未来会发生什么；回溯预测则是用理论和假设来估计过去的状态。因为过去的状态可以通过测量以经验的方式知道,所以回溯法可以作为评估理论和假设有效性的一种方法。

比例模型(scale model):一个模型,其中对现实的简化主要来自使模型小于被建模的目标。

敏感性分析(sensitivity analysis):随着模型参数的改变,对模拟结果的变化进行系统分析。敏感性分析被用来评估结果在多大程度上取决于所假设的精确参数值。

模拟(simulate):运行一个模型,并通过时间观察其行为。

空间明确(spatially explicit):一个空间明确的模型是指在模型中体现地理环境的模型,例如将所有模拟对象定位在网格或其他空间表现上。空间明确的模拟通常使用地理信息系统来管理对象的位置。

典型事实(stylized fact):对经验发现的简化表述,尽管广泛真实,但可能忽略了特殊的例外情况。通常情况下,典型事实描述的是整个社会或经济,而不是个人的特征。

目标(target):一个模型所代表的社会现象或过程。

环形体(toroid):一个甜甜圈状的物体,可以通过围绕圆的外部轴旋转来构建。从拓扑学上讲,环形体是通过连接矩形的左边缘和右边缘,然后再连接顶部边缘和底部边缘而形成的。

实验处理(treatment):在一个实验中,有选择地对实验组应用一些程序,而让对照组不受影响。实验组的变化如果在对照组中没有发现,则被认为是由于实验处理造成的。

检验(validation):检查一个模型是否能很好地代表目标的过程。

验证(verification):检查一个模型是否符合其规范的过程,也就是说,它不包括漏洞(errors,也叫 bugs)。

参考文献

Abar, S., Theodoropoulos, G. K., Lemarinier, P., & O'Hare, G. M. P. (2017). Agent based modelling and simulation tools: A review of the state-of-art software. *Computer Science Review, 24,* 13–33. https://doi .org/10.1016/j.cosrev.2017.03.001

Afshar, M., & Asadpour, M. (2010). Opinion formation by informed agents. *Journal of Artificial Societies and Social Simulation, 13*(4), 5. https://doi.org/10.18564/jasss.1665

Ahrweiler, P., Pyka, A., & Gilbert, N. (2011). A new model for university-industry links in knowledge-based economies. *Journal of Product Innovation Management, 28*(2), 218–235. https://doi.org/10.1111/j.1540-5885.2010.00793.x

Ahrweiler, P., Schilperoord, M., Pyka, A., & Gilbert, N. (2014). Testing policy options for Horizon 2020 with SKIN. In N. Gilbert, P. Ahrweiler, & A. Pyka (Eds.), *Simulating knowledge dynamics in innovation networks* (pp. 155–183). Heidelberg, Germany: Springer. https://doi .org/10.1007/978-3-662-43508-3_7

Ahrweiler, P., Schilperoord, M., Pyka, A., & Gilbert, N. (2015). Modelling research policy: Ex-ante evaluation of complex policy instruments. *Journal of Artificial Societies and Social Simulation, 18*(4), 5. https://doi .org/10.18564/jasss.2927

Albino, V., Giannoccaro, I., & Carbonara, N. (2003). Coordination mechanisms based on cooperation and competition within industrial districts: An agent-based computational approach. *Journal of Artificial Societies and Social Simulation, 6*(4), 3. Available at http://jasss.soc.surrey.ac.uk/6/4/3.html

Allan, R. (2010). *Survey of agent based modelling and simulation tools.* STFC Daresbury Laboratory, Warrington, UK. Available at http://www .grids.ac.uk/Complex/ABMS/

An, L. (2012). Modeling human decisions in coupled human and natural systems: Review of agent-based models. *Ecological Modelling, 229,* 25–36. https://doi.org/10.1016/j.ecolmodel.2011.07.010

Anderson, B. D. O., & Ye, M. (2019). Recent advances in the modelling and analysis of opinion dynamics on influence networks. *International Journal of Automation and Computing* (Institute of Automation, Chinese Academy of Sciences), *16*(2), 129–149. https://doi.org/10.1007/s11633-019-1169-8

Andrighetto, G., Campennì, M., Conte, R., & Paolucci, M. (2007). On the immergence of norms: A normative agent architecture. *AAAI Symposium, Social and Organizational Aspects of Intelligence*. Available at http://www.aaai.org/Papers/Symposia/Fall/2007/FS-07-04/FS07-04-003.pdf

Andrighetto, G., Castelfranchi, C., Mayor, E., McBreen, J., Lopez-Sanchez, M., & Parsons, S. (2013). (Social) norm dynamics. In G. Andrighetto, G. Governatori, P. Noriega, P., & L. W. N. van der Torre (Eds.), *Normative multi-agent systems* (pp. 135–170). Dagstuhl, Germany: Schloss Dagstuhl-Leibniz-Zentrum fuer Informatik (Dagstuhl Follow-Ups). https://doi.org/10.4230/DFU.Vol4.12111.135

Argonne National Laboratory. (2018). How Argonne makes super models. Available at https://www.anl.gov/es/article/how-argonne-makes-super-models

Arthur, W. B., Holland, J. H., LeBaron, B. D., Palmer, R. G., & Tayler, P. (1997). Asset pricing under endogenous expectations in an artificial stock market. *SSRN Electronic Journal*, 1001, 48109. https://doi.org/10.2139/ssrn.2252

Axelrod, R. M. (1997a). Advancing the art of simulation in the social sciences. In R. Conte, R. Hegselmann, & P. Terna (Eds.), *Simulating social phenomena*. Lecture Notes in Economics and Mathematical Systems, vol 456. Springer, Berlin, Heidelberg. https://doi.org/10.1007/978-3-662-03366-1_2

Axelrod, R. M. (1997b). *The complexity of cooperation: Agent-based models of competition and collaboration*. Princeton, NJ: Princeton University Press (Princeton Studies in Complexity).

Axelrod, R. M. (1997c). The dissemination of culture. *Journal of Conflict Resolution, 41*(2), 203–226.

Axelrod, R. M., & Dawkins, R. (1990). *The evolution of cooperation*. Harmondsworth, UK: Penguin.

Axtell, R. L., Epstein, J. M., Dean, J. S., Gumerman, G. J., Swedlund, A. C., Harburger, J., Chakravarty, S., Hammond, R., Parker, J., & Parker, M. (2002). Population growth and collapse in a multiagent model of the

Kayenta Anasazi in Long House Valley. *Proceedings of the National Academy of Sciences, 99*(Suppl. 3), 7275–7279. https://doi.org/10.10 73/pnas.092080799

Bagnall, A. J., & Smith, G. D. (2005). A multiagent model of the UK market in electricity generation. *Evolutionary Computation, 9*(5), 522–536.

Balke, T., & Gilbert, N. (2014). How do agents make decisions? A survey. *Journal of Artificial Societies and Social Simulation, 17*(4), 13. https://doi.org/10.18564/jasss.2687

Banks, J., Carson, J. S., Nelson, B. L., & Nicol, D. M. (2010). *Discrete-event system simulation,* 5th ed. London: Pearson.

Banzhaf, W. (1998). *Genetic programming: An introduction; On the automatic evolution of computer programs and its applications.* San Francisco: Morgan Kaufmann.

Barabási, A.-L. (2003). *Linked: How everything is connected to everything else and what it means for business, science, and everyday life.* New York: Plume.

Barabási, A.-L., & Albert, R. (1999). Emergence of scaling in random networks. *Science, 286*(5439), 509–512. https://doi.org/10.1126/science.286.5439.509

Barnaud, C., van Paassen, A., Trébuil, G., Promburom, T., & Bousquet, F. (2010). Dealing with power games in a companion modelling process: Lessons from community water management in Thailand highlands. *Journal of Agricultural Education and Extension, 16*(1), 55–74. https://doi.org/10.1080/13892240903533152

Barreteau, O. (2003). Our companion modelling approach. *Journal of Artificial Societies and Social Simulation, 6*(2), 1. Available at http://jasss.soc.surrey.ac.uk/6/2/1.html

Barreteau, O., Bousquet, F., & Attonaty, J.-M. (2001). Role-playing games for opening the black box of multi-agent systems: Method and lessons of its application to Senegal River Valley irrigated systems. *Journal of Artificial Societies and Social Simulation, 4*(2), 5. Available at http://jasss.soc.surrey.ac.uk/4/2/5.html

Batten, D., & Grozev, G. (2006). NEMSIM: Finding ways to reduce greenhouse gas emissions using multi-agent electricity modelling. In P. Perez & D. Batten (Eds.), *Complex science for a complex world: Exploring human ecosystems with agents* (pp. 227–252). Canberra, Australia: ANU Press. Available at https://www.jstor.org/stable/j.ctt2jbhz2.17

Batty, M. (2013). *The new science of cities.* Cambridge: Massachusetts Institute of Technology Press.

Bazzan, A. L. C., & Klügl, F. (2014). A review on agent-based technology for traffic and transportation. *Knowledge Engineering Review* (Cambridge University Press), *29*(03), 375–403. https://doi.org/10.1017/S0269888913000118

Benard, S., & Willer, R. (2007). A wealth and status-based model of residential segregation. *Journal of Mathematical Sociology, 31*(2), 149–174. https://doi.org/10.1080/00222500601188486

Benenson, I., & Hatna, E. (2009). The third state of the Schelling model of residential dynamics. Available at http://arxiv.org/abs/0910.2414 (Accessed August 7, 2018).

Bersini, H. (2012). UML for ABM. *Journal of Artificial Societies and Social Simulation, 15*(1), 9. https://doi.org/10.18564/jasss.1897

Boden, M. A. (1988). *Computer models of mind: Computational approaches in theoretical psychology.* Cambridge, UK: Cambridge University Press.

Boella, G., van der Torre, L., & Verhagen, H. (2007). Introduction to Normative Multiagent Systems. In G. Boella, L. van der Torre, & H. Verhagen (Eds.), *Normative multi-agent systems.* Internationales Begegnungs- und Forschungszentrum fuer Informatik (IBFI), Schloss Dagstuhl, Germany (Dagstuhl Seminar Proceedings). Available at http://drops.dagstuhl.de/opus/volltexte/2007/918/pdf/07122.VerhagenHarko.Paper.918.pdf

Boero, R., Castellani, M., & Squazzoni, F. (2004). Micro behavioural attitudes and macro technological adaptation in industrial districts: An agent-based prototype. *Journal of Artificial Societies and Social Simulation, 7*(2), 1. Available at http://jasss.soc.surrey.ac.uk/7/2/1.html

Boero, R., & Squazzoni, F. (2005). Does empirical embeddedness matter? Methodological issues on agent based models for analytical social science. *Journal of Artificial Societies and Social Simulation, 8*(4), 6. Available at http://jasss.soc.surrey.ac.uk/8/4/6.html (Accessed August 23, 2018).

Bommel, P., Becu, N., Le Page, C., & Bousquet, F. (2016). Cormas: An agent-based simulation platform for coupling human decisions with computerized dynamics. In T. Kaneda, H. Kanegae, Y. Toyoda, & P. Rizzi (Eds.), *Simulation and gaming in the network society* (pp. 387–410). Translation. Singapore: Springer. https://doi.org/10.1007/978-981-10-0575-6_27

Borrelli, F., Ponsiglione, C., Zollo, G., & Iandoli, L. (2005). Inter-organizational learning and collective memory in small firms clusters: An agent-based approach. *Journal of Artificial Societies and Social Simulation, 8*(3), 4. Available at http://jasss.soc.surrey.ac.uk/8/3/4.html

Bourdieu, P. (1986). *Distinction: A social critique of the judgement of taste.* Abingdon, UK: Routledge.

Bratman, M. E., Israel, D. J., & Pollack, M. E. (1988). Plans and resource-bounded practical reasoning. *Computational Intelligence, 4*(3), 349–355. https://doi.org/10.1111/j.1467-8640.1988.tb00284.x

Brenner, T. (2001). Simulating the evolution of localised industrial clusters; An identification of the basic mechanisms. *Journal of Artificial Societies and Social Simulation, 4*(3), 4. Available at http://jasss.soc.surrey.ac.uk/4/3/4.html.

Brewer, M. B. (1991). The social self: On being the same and different at the same time. *Personality and Social Psychology Bulletin, 17*(5), 475–482. https://doi.org/10.1177/0146167291175001

Bruch, E. E., & Mare, R. D. (2006). Neighborhood choice and neighborhood change. *American Journal of Sociology, 112*(3), 667–709. https://doi.org/10.1086/507856

Bull, L. (2004). Learning classifier systems: A brief introduction. In L. Bull (Ed.), *Applications of learning classifier systems* (pp. 1–12). Berlin: Springer. https://doi.org/10.1007/978-3-540-39925-4_1

Bunn, D., & Oliveira, F. S. (2001). Agent-based simulation: An application to the new electricity trading arrangements of England and Wales. *Evolutionary Computation, 2001, 5*(5), 493–503. https://doi.org/10.1109/4235.956713

Caillou, P., Gaudou, B., Grignard, A., Truong, C. Q., & Taillandier, P. (2017). A simple-to-use BDI architecture for agent-based modeling and simulation. In W. Jager, R. Verbrugge, A. Flache, G. de Roo, L. Hoogduin, & C. Hemelrijk (Eds.), *Advances in social simulation 2015* (pp. 15–28). Berlin: Springer. https://doi.org/10.1007/978-3-319-47253-9_2

Cairney, P., Heikkila, T., & Wood, M. (2019). *Making policy in a complex world: Elements in public policy.* Cambridge: Cambridge University Press. https://doi.org/10.1017/9781108679053

Castle, C. J. E., & Crooks, A. T. (2006). Principles and concepts of agent-based modelling for developing geospatial simulations. CASA working paper series. Available at http://discovery.ucl.ac.uk/3342/

Challet, D., Marsili, M., & Zhang, Y.-C. (2013). *Minority games*. Oxford: Oxford University Press.

Chang, K.-T. (2004). *Introduction to geographic information systems* (2nd ed). Boston: McGraw-Hill.

Chatfield, C. (2004). *The analysis of time series: An introduction* (6th ed.). Boca Raton, FL: Chapman & Hall.

Chattoe, E. (1998). Just how (un)realistic are evolutionary algorithms as representations of social processes? *Journal of Artificial Societies and Social Simulation, 1*(3), 2. Available at http://jasss.soc.surrey.ac.uk/1/3/2.html

Chattoe, E., Saam, N. J., & Möhring, M. (2000). Sensitivity analysis in the social sciences: Problems and prospects. In R. Suleiman, G. N. Gilbert, & K. Troitzsch (Eds.), *Tools and techniques for social science simulation* (pp. 243–273). Heidelberg: Physica-Verlag HD. https://doi.org/10.1007/978-3-642-51744-0_13

Chen, Y., & Tang, F. (1998). Learning and incentive-compatible mechanisms for public goods provision: An experimntal study. *Jounal of Political Economy, 106,* 633–662.

Clark, W. A. V. (1991). Residential preferences and neighborhood racial segregation: A test of the Schelling segregation model. *Demography, 28*(1), 1–19. https://doi.org/10.2307/2061333

Cobb, C. W., & Douglas, P. H. (1928). A theory of production. *American Economic Review, 18*(Supplement), 139–165.

Cohen, P. R., & Levesque, H. J. (1990). Intention is choice with commitment. *Artificial Intelligence, 42*(2–3), 213–261. Available at http://www.cs.uu.nl/docs/vakken/iag/CohLev.intention.pdf

D'Aquino, P., Barreteau, O., & Le Page, C. (2003). Role-playing games, models and negotiation processes. *Journal of Artificial Societies and Social Simulation, 6*(2), 10. Available at http://jasss.soc.surrey.ac.uk/6/2/10.html

D'Aquino, P., Bousquet, F., Le Page, C., & Bah, A. (2003). Using self-designed role-playing games and a multi-agent system to empower a local decision-making process for land use management: The self cormas experiment in Senegal. *Journal of Artificial Societies and Social Simulation, 6*(3), 5. Available at http://jasss.soc.surrey.ac.uk/6/3/5.html

Deffuant, G. (2006). Comparing extremism propagation patterns in continuous opinion models. *Journal of Artificial Societies and Social Simulation, 9*(3), 8. Available at http://jasss.soc.surrey.ac.uk/9/3/8.html

Deffuant, G., Amblard, F., & Weisbuch, G. (2002). How can extremism prevail? A study based on the relative agreement interaction model. *Journal of Artificial Societies and Social Simulation, 5*(4), 1. Available at http://jasss.soc.surrey.ac.uk/5/4/1.html

Dibble, C., & Feldman, P. G. (2004). The GeoGraph 3D Computational Laboratory: Network and terrain landscapes for RePast. *Journal of Artificial Societies and Social Simulation, 7*(1), 7. Available at http://jasss.soc.surrey.ac.uk/7/1/7.html

Dignum, F., Kinny, D., & Sonenberg, L. (2002). From desires, obligations and norms to goals. *Cognitive Science Quarterly, 2*(3–4), 407–430.

Dray, A., Perez, P., Jones, N., Le Page, C., D'Aquino, P., White, I., . . . , & Dray, A. (2006). The AtollGame experience: From knowledge engineering to a computer-assisted role playing game. *Journal of Artificial Societies and Social Simulation, 9*(1), 6. Available at http://jasss.soc.surrey.ac.uk/9/1/6.html

Dubbelboer, J., Nikolic, I., Jenkins, K., & Hall, J. (2017). An agent-based model of flood risk and insurance. *Journal of Artificial Societies and Social Simulation, 20*(1), 6. https://doi.org/10.18564/jasss.3135

Dunham, J. B. (2005). An agent-based spatially explicit epidemiological model in MASON. *Journal of Artificial Societies and Social Simulation, 9*(1), 3. Available at http://jasss.soc.surrey.ac.uk/9/1/3.html

Edmonds, B. (2006). The emergence of symbiotic groups resulting from skill-differentiation and tags. *Journal of Artificial Societies and Social Simulation, 9*(1), 10. Available at http://jasss.soc.surrey.ac.uk/9/1/10.html

Edmonds, B., & Hales, D. (2003). Replication, replication and replication: Some hard lessons from model alignment. *Journal of Artificial Societies and Social Simulation, 6*(4), 11. Available at http://jasss.soc.surrey.ac.uk/6/4/11.html

El-Tawil, S., Fang, J., Aguirre, B., & Best, E. (2017). A computational study of the station nightclub fire accounting for social relationships. *Journal of Artificial Societies and Social Simulation, 20*(4), 10. https://doi.org/10.18564/jasss.3519

Elias, N. (1939). *The civilising process.* Oxford: Blackwell.

EMIL Project Consortium. (2008). *Emergence in the loop: Simulating the two way dynamics of norm innovation; Deliverable 3.3 EMIL-S: The simulation platform.* Available at emil.istc.cnr.it/file_download/7/D3.3.Project033841.EMIL.pdf

Epstein, J. M. (2007). *Generative social science: Studies in agent-based computational modeling.* Princeton, NJ: Princeton University Press.

Epstein, J. M. (2008). Why model? *Journal of Artificial Societies and Social Simulation, 11*(4), 12. https://doi.org/10.1080/01969720490426803

Epstein, J. M., & Axtell, R. (1996). *Growing artificial societies: Social science from the bottom up.* Washington, DC: Brookings Institution Press (Complex adaptive systems).

Erev, I., & Roth, A. E. (1998). Predicting how people play games: Reinforcement learning in experimental games with unique, mixed strategy equilibria. *American Economic Review, 88*(4), 848–881.

Étienne, M. (2003). SYLVOPAST: A multiple target role-playing game to assess negotiation processes in sylvopastoral management planning. *Journal of Artificial Societies and Social Simulation, 6*(2), 5. Available at http://jasss.soc.surrey.ac.uk/6/2/5.html

Étienne, M. (ed.). (2014). *Companion modelling.* Dordrecht, the Netherlands: Springer. https://doi.org/10.1007/978-94-017-8557-0

Étienne, M., Cohen, M., & Le Page, C. (2003). A step-by-step approach to building land management scenarios based on multiple viewpoints on multi-agent system simulations. *Journal of Artificial Societies and Social Simulation, 6*(2), 2. Available at http://jasss.soc.surrey.ac.uk/6/2/2.html

Etter, A. (2016). *Modern technical writing: An introduction to software documentation.* Kindle, Amazon. Available at https://www.amazon.co.uk/Modern-Technical-Writing-Introduction-Documentation-ebook/dp/B01A2QL9SS

Farmer, J. D., Patelli, P., & Zovko, I. I. (2005). The predictive power of zero intelligence in financial markets. *Proceedings of the National Academy of Sciences, 102*(6), 2254–2259. https://doi.org/10.1073/pnas.0409157102

Farrenkopf, T., Guckert, M., Urquhart, N., & Wells, S. (2016). Ontology based business simulations. *Journal of Artificial Societies and Social Simulation, 19*(4), 14. https://doi.org/10.18564/jasss.3266

Field, A. P., & Iles, J. (2016). *An adventure in statistics: The reality enigma.* London: Sage.

Fielding, J., & Gilbert, N. (2005). *Understanding social statistics,* 2nd ed. London: Sage.

Fink, E. C., Gates, S., & Humes, B. D. (1998). *Game theory topics: Incomplete information, repeated games and n-player games.* Thousand Oaks, CA: Sage (Quantitative Applications in the Social Sciences).

Fioretti, G. (2001). Information structure and behaviour of a textile industrial district. *Journal of Artificial Societies and Social Simulation, 4*(4), 1. Available at http://jasss.soc.surrey.ac.uk/4/4/1.html

Flache, A., & Macy, M. (2002). Learning dynamics in social dilemmas. *Proceedings of the National Academy of Sciences, 99*(Suppl. 3), 7229–7236.

Flache, A., Mäs, M., Feliciani, T., Chattoe-Brown, E., Deffuant, G., Huet, S., & Lorenz, J. (2017). Models of social influence: Towards the next frontiers. *Journal of Artificial Societies and Social Simulation, 20*(4), 2. https://doi.org/10.18564/jasss.3521

Forester, J. W. (1971). *World dynamics.* Cambridge: Massachusetts Institute of Technology Press.

Fossett, M., & Waren, W. (2005). Overlooked implications of ethnic preferences for residential segregation in agent-based models. *Urban Studies, 42*(11), 1893–1917. https://doi.org/10.1080/00420980500280354

Fowler, M. (2003). *UML distilled,* 3rd ed. Boston: Addison-Wesley Professional.

Friedman-Hill, E. (2003). *Jess in action: Rule-based systems in Java.* Greenwich, CT: Manning.

Fröhlich, P., & Link, J. (2003). *Unit testing in Java: How tests drive the code.* San Francisco, Calif.: Morgan Kaufmann.

Galan, J. M., & Izquierdo, L. R. (2005). Appearances can be deceiving: Lessons learned re-implementing Axelrod's "evolutionary approach to norms." *Journal of Artificial Societies and Social Simulation, 8*(3), 2. Available at http://jasss.soc.surrey.ac.uk/8/3/2.html

Galitsky, B. (2002). Extending the BDI model to accelerate the mental development of autistic patients. In *Proceedings of the 2nd International Conference on Development and Learning (ICDL'02)* (pp. 82–88). https://doi.org/10.1109/DEVLRN.2002.1011803

Gaylord, R. J., & D'Andria, L. (1998). *Simulating society: A mathematica toolkit for modeling socioeconomic behavior.* New York: Springer Verlag.

Georgeff, M., & Ingrand, F. (1990). Real-time reasoning: The monitoring and control of spacecraft systems. *Artificial Intelligence Applications, 1990, Sixth Conference on,* 198–204. https://doi.org/10.1109/CAIA.1990.89190

Ghazi, S., Khadir, T., & Dugdale, J. (2014). Multi-agent based simulation of environmental pollution issues: A review. In *International Conference on Practical Applications of Agents and Multi-Agent Systems* (pp. 13–21).

Cham, Switzerland: Springer-Verlag. https://doi.org/10.1007/978-3-319-07767-3_2

Gilbert, N. (1997). A simulation of the structure of academic science. *Sociological Research Online, 2*(2), 3. Available at http://www.socresonline.org.uk/socresonline/2/2/3.html

Gilbert, N. (2002). Varieties of emergence. In D. Sallach (Ed.), *Agent 2002: Social agents: Ecology, exchange, and evolution* (pp. 41–56). Chicago: University of Chicago and Argonne National Laboratory. Available at https://www.researchgate.net/profile/Nigel_Gilbert/publication/228792799_Varieties_of_emergence/links/004635230df90ceb7f000000/Varieties-of-emergence.pdf

Gilbert, N. (2010). *Computational social science, SAGE benchmarks in social research methods series.* London: Sage.

Gilbert, N. (2019). Collectivities (Version 1.1.0). CoMSES Computational Model Library. Available at https://doi.org/10.25937/qmc0-r354

Gilbert, N., Ahrweiler, P., Barbrook-Johnson, P., Narasimhan, K. P., & Wilkinson, H. (2018). Computational modelling of public policy: Reflections on practice. *Journal of Artificial Societies and Social Simulation, 21*(1), 14. https://doi.org/10.18564/jasss.3669

Gilbert, N., Ahrweiler, P., & Pyka, A. (2014). *Simulating knowledge dynamics in innovation networks.* Berlin: Springer (Understanding Complex Systems). https://doi.org/10.1007/978-3-662-43508-3

Gilbert, N., & Bankes, S. (2002). Platforms and methods for agent-based modeling. *Proceedings of the National Academy of Sciences, 99*(Supplement 3), 7197–7198. https://doi.org/10.1073/pnas.072079499

Gilbert, N., den Besten, M., Bontovics, A., Craenen, B. G. W. W., Divina, F., Eiben, A. E. E., . . . , & Yang, L. (2006). Emerging artificial societies through learning. *Journal of Artificial Societies and Social Simulation, 9*(2). http://jasss.soc.surrey.ac.uk/9/2/9.html (Accessed: June 28, 2010).

Gilbert, N., Pyka, A., & Ahrweiler, P. (2001). Innovation networks—A simulation approach. *Journal of Artificial Societies and Social Simulation, 4*(3), 8. Available at http://jasss.soc.surrey.ac.uk/4/3/8.html

Gimblett, H. R. (2002). *Integrating geographic information systems and agent-based modeling techniques for simulating social and ecological processes.* London: Oxford University Press.

Goolsby, R. (2006). Combating terrorist networks: An evolutionary approach. *Computational and Mathematical Organization Theory, 12,* 7–20.

Gotts, N., Matthews, R., Gilbert, N., Polhill, G., & Roach, A. (2007). Agent-based land-use models: A review of applications. *Landscape Ecology, 22*(10), 1447–1459.

Grignard, A., Taillandier, P., Gaudou, B., Vo, D. A., Huynh, N. Q., & Drogoul, A. (2013). GAMA 1.6: Advancing the art of complex agent-based modeling and simulation. In G. Boella, E. Elkind, B. T. R. Savarimuthu, F. Dignum, & M. K. Purvis (Eds.), *PRIMA 2013: Principles and practice of multi-agent systems. PRIMA 2013* (pp. 117–131). Berlin: Springer. https://doi.org/10.1007/978-3-642-44927-7_9

Grimm, V., Berger, U., Bastiansen, F., Eliassen, S., Ginot, V., Giske, J., . . . , & DeAngelis, D. L. (2006). A standard protocol for describing individual-based and agent-based models. *Ecological Modelling, 198*(1–2), 115–126. https://doi.org/10.1016/j.ecolmodel.2006.04.023

Grimm, V., Polhill, G., & Touza, J. (2017). Documenting social simulation models: The ODD protocol as a standard. In B. Edmonds & R. Meyer (Eds.), *Simulating social complexity* (pp. 117–133). Berlin: Springer.

Grimm, V., & Railsback, S. F. (2012). Pattern-oriented modelling: A "multi-scope" for predictive systems ecology. *Philosophical Transactions of the Royal Society of London. Series B, Biological Sciences* (The Royal Society), *367*(1586), 298–310. https://doi.org/10.1098/rstb.2011.0180

Groeneveld, J., Müller, B., Buchmann, C. M., Dressler, G., Guo, C., Hase, . . . , & Schwarz, N. (2017). Theoretical foundations of human decision-making in agent-based land use models: A review. *Environmental Modelling & Software* (Elsevier), 87, 39–48. https://doi.org/10.1016/J.ENVSOFT.2016.10.008

Guerci, E., Rastegar, M. A., & Cincotti, S. (2010). Agent-based modeling and simulation of competitive wholesale electricity markets. In S. Rebennack, P. M. Pardalos, M. V. F. Pereira, & N. A. Iliadis (Eds.), *Handbook of power systems II* (pp. 241–286). Berlin: Springer. https://doi.org/10.1007/978-3-642-12686-4_9

Hales, D. (2000). Cooperation without space or memory: Tags, groups and the prisoner's dilemma. In P. Davidsson & S. Moss (Eds.), *Multi-agent-based simulation. MABS 2000* (pp. 157–166). Berlin: Springer-Verlag (Lecture Notes in Artificial Intelligence).

Hales, D. (2002). Evolving specialisation, altruism and group-level optimisation using tags. In J. S. Sichman, P. Davidsson, & F. Bousquet (Eds.), *Lecture notes in artificial intelligence* (pp. 26–35). Berlin: Springer-Verlag.

Hamill, L., & Gilbert, N. (2009). Social circles: A simple structure for agent-based social network models. *Journal of Artifical Societies and Social Simulation, 12*(2), 3. Available at http://jasss.soc.surrey.ac.uk/12/2/3.html (Accessed: August 20, 2018).

Hamill, L., & Gilbert, N. (2015). *Agent-based modelling in economics.* Chichester, UK: John Wiley & Sons. https://doi.org/10.1002/9781118945520

Hammond, R. A. (2015). Considerations and best practices in agent-based modeling to inform policy. In R. Wallace, A. Geller, & V. Ogawa (Eds.), *Assessing the use of agent-based models for tobacco regulation* (Appendix A). Washington DC: National Academies Press. Available at https://www.ncbi.nlm.nih.gov/books/NBK305917/

Hatna, E., & Benenson, I. (2012). The Schelling model of ethnic residential dynamics: Beyond the integrated-segregated dichotomy of patterns. *Journal of Artificial Societies and Social Simulation, 15*(1), 6. https://doi.org/10.18564/jasss.1873

Hauke, J., Lorscheid, I., & Meyer, M. (2017). Recent development of social simulation as reflected in JASSS between 2008 and 2014: A citation and co-citation analysis. *Journal of Artificial Societies and Social Simulation, 20*(1), 5. https://doi.org/10.18564/jasss.3238

Hegselmann, R. (2017). Thomas C. Schelling & James M. Sakoda: The intellectual, technical, and social history of a model. *Journal of Artificial Societies and Social Simulation, 20*(3), 15. https://doi.org/10.18564/jasss.3511

Heppenstall, A. J. J., Crooks, A. T., See, L. M., & Batty, M. (2012). *Agent-based models of geographical systems.* https://doi.org/10.1007/978-90-481-8927-4

Heywood, D. I., Cornelius, S., & Carver, S. (2011). *An introduction to geographical information systems.* Saddle River, NJ: Prentice Hall.

Hirsch, G. B., & Homer, J. B. (2006). System dynamics modeling for public health: Background and opportunities. *American Journal of Public Health, 96*(3), 452–458.

HM Treasury. (2015). *The aqua book: Guidance on producing quality analysis for government.* Available at https://assets.publishing.service.gov.uk/government/uploads/system/uploads/attachment_data/file/416478/aqua_book_final_web.pdf (Accessed: August 30, 2018).

Hodkinson, P. (2002). *Goth identity, style and subculture.* Oxford: Berg.

Holland, J. H. (1975). *Adaptation in natural and artificial systems.* Ann Arbor: University of Michigan Press.

Huberman, B. A., & Glance, N. (1993). Evolutionary games and computer simulations. *Proceedings of the National Academy of Sciences, 90,* 7716–7718.

Huet, S., Bouvier, A., Poursat, M.-A., & Jolivet, E. (2004). *Statistical tools for nonlinear regression.* New York: Springer-Verlag (Springer Series in Statistics). https://doi.org/10.1007/b97288

Izquierdo, S. S., & Izquierdo, L. R. (2007). The impact of quality uncertainty without asymmetric information on market efficiency. *Journal of Business Research, 60*(8), 858–867. https://doi.org/10.1016/j.jbusres.2007.02.010

Izquierdo, S. S., Izquierdo, L. R., & Gotts, N. M. (2008). Reinforcement learning dynamics in social dilemmas. *Journal of Artifical Societies and Social Simulation, 11*(2), 1. Available at http://jasss.soc.surrey.ac.uk/11/2/1.html (Accessed: August 17, 2018).

Jacobsen, C., & Hanneman, R. A. (1992). Illegal drugs: Past, present and possible futures. *Journal of Drug Issues, 22*(1), 105–120. https://doi.org/10.1177/002204269202200107

Jager, W. (2017). Enhancing the Realism of Simulation (EROS): On implementing and developing psychological theory in social simulation. *Journal of Artificial Societies and Social Simulation, 20*(3), 14. https://doi.org/10.18564/jasss.3522

Janssen, M. A. (2017). The practice of archiving model code of agent-based models. *Journal of Artificial Societies and Social Simulation, 20*(1), 2. https://doi.org/10.18564/jasss.3317

Janssen, M. A., & Jager, W. (1999). An integrated approach to simulating behavioural processes: A case study of the lock-in of consumption patterns. *Journal of Artificial Societies and Social Simulation, 2*(2), 2. Available at http://jasss.soc.surrey.ac.uk/2/2/2.html

Jara, H. X., & Tumino, A. (2013). Tax-benefit systems, income distribution and work incentives in the European Union. *International Journal of Microsimulation, 1*(6), 27–62. Available at https://econpapers.repec.org/RePEc:ijm:journl:v:1:y:2013:i:issnum:6:p:27-62

Johnson, P. E. (2002). Agent-based modeling: What I learned from the artificial stock market. *Social Science Computer Review, 20,* 174–186.

Kahneman, D. (2003). Maps of bounded rationality: Psychology for behavioral economics. *American Economic Review,* 93(5), 1449–1475.

Kaldor, N. (1961). Capital accumulation and economic growth. In *The Theory of Capital* (pp. 177–222). London: Palgrave Macmillan UK. https://doi.org/10.1007/978-1-349-08452-4_10

Kangur, A., Jager, W., Verbrugge, R., & Bockarjova, M. (2017). An agent-based model for diffusion of electric vehicles. *Journal of Environmental Psychology, 52,* 166–182. https://doi.org/10.1016/J.JENVP.2017.01.002

Kleijnen, J. P. C. (2015). *Design and analysis of simulation experiments.* Cham, Switzerland: Springer International (International Series in Operations Research & Management Science). https://doi.org /10.1007/978-3-319-18087-8

Klemm, K., Eguíluz, V. M., Toral, R., & Miguel, M. S. (2003). Global culture: A noise-induced transition in finite systems. *Physical Review E,* 67(4), 045101. https://doi.org/10.1103/PhysRevE.67.045101

Knoke, D., & Yang, S. (2008). *Social network analysis,* 2nd ed. Thousand Oaks, CA: Sage. https://doi.org/10.4135/9781412985864

Koesrindartoto, D., Sun, J., & Tesfatsion, L. (2005). An agent-based computational laboratory for testing the economic reliability of wholesale power market designs. *Power Engineering Society General Meeting, 2005. IEEE.* San Francisco: IEEE Power Engineering Society, (January), 2818–2823, Vol. 3. https://doi.org/10.1109/PES.2005.1489273

Kollingbaum, M. J., & Norman, T. J. (2003). Norm adoption in the NoA agent architecture. In *Proceedings of the Second International Joint Conference on Autonomous Agents and Multiagent Systems* (pp. 1038–1039). New York: ACM. http://doi.acm.org/10.1145/860575.860784

Kollingbaum, M. J., & Norman, T. J. (2004). Norm adoption and consistency in the NoA agent architecture. In M. Dastani, J. Dix, & A. El Fallah-Seghrouchni (Eds.), *Programming multi-agent systems* (pp. 169–186). Berlin: Springer. https://doi.org/10.1007/978-3-540-25936-7_9

Koza, J. R. (1992). *Genetic programming.* Cambridge: Massachusetts Institute of Technology Press.

Koza, J. R. (1994). *Genetic programming 2.* Cambridge: Massachusetts Institute of Technology Press.

Krause, U., & Hegselmann, R. (2002). Opinion dynamics and bounded confidence models, analysis and simulation. *Journal of Artificial*

Societies and Social Simulation, 5(3), 2. Available at http://jasss.soc.surrey.ac.uk/5/3/2.html

Kurahashi-Nakamura, T., Mäs, M., & Lorenz, J. (2016). Robust clustering in generalized bounded confidence models. *Journal of Artificial Societies and Social Simulation, 19*(4), 7. https://doi.org/10.18564/jasss.3220

Laird, J. E., Newell, A., & Rosenbloom, P. S. (1987). Soar: An architecture for general intelligence. *Artificial Intelligence, 33*(1), 1–64.

Laurie, A. J., & Jaggi, N. K. (2003). Role of "vision" in neighbourhood racial segregation: A variant of the Schelling segregation model. *Urban Studies, 40*(13), 2687–2704. https://doi.org/10.1080/0042098032000146849

Lawson, B. G., & Park, S. (2000). Asynchronous time evolution in an artificial society model. *Journal of Artificial Societies and Social Simulation, 3*(1), 2. Available at http://jasss.soc.surrey.ac.uk/3/1/2.html (Accessed: August 28, 2018).

Lee, J.-S., Filatova, T., Ligmann-Zielinska, A., Hassani-Mahmooei, B., Stonedahl, F., Lorscheid, I., . . . , & Parker, D. C. (2015). The complexities of agent-based modeling output analysis. *Journal of Artificial Societies and Social Simulation, 18*(4). https://doi.org/10.18564/jasss.2897

Li, J., & O'Donoghue, C. (2013). A survey of dynamic microsimulation models: Uses, model structure and methodology. *International Journal of Microsimulation, 6*, 3–55. https://doi.org/10.1093/jae/ejm029

Lorenz, J. (2006). Consensus strikes back in the Hegselmann-Krause Model of continuous opinion dynamics under bounded confidence. *Journal of Artificial Societies and Social Simulation, 9*(1), 8. Available at http://jasss.soc.surrey.ac.uk/9/1/8.html

Lorscheid, I., Heine, B.-O., & Meyer, M. (2012). Opening the "black box" of simulations: Increased transparency and effective communication through the systematic design of experiments. *Computational and Mathematical Organization Theory, 18*(1), 22–62. https://doi.org/10.1007/s10588-011-9097-3

Luke, S., Cioffi-Revilla, C., Panait, L., Sullivan, K., & Balan, G. (2005). MASON: A Java multi-agent simulation environment. *Simulation: Transactions of the Society for Modeling and Simulation International, 81*(7), 517–527.

Luke, S., R. Simon, A. Crooks, H. Wang, E. Wei, D. Freelan, . . . & C. Cioffi-Revilla. (2019). The MASON Simulation Toolkit: Past, present, and future. In P. Davidsson & H. Verhagen (Eds.), *Multi-agent-based simulation XIX. MABS 2018.* Lecture Notes in Computer Science, vol 11463. Springer, Cham. https://doi.org/10.1007/978-3-030-22270-3_6

Macy, M., & Willer, R. (2002). From factors to actors: Computational sociology and agent-based modeling. *Annual Review of Sociology, 28,* 143–166.

Mahdavi Ardestani, B., O'Sullivan, D., & Davis, P. (2018). A multiscaled agent-based model of residential segregation applied to a real metropolitan area. *Computers, Environment and Urban Systems* (Pergamon), *69,* 1–16. https://doi.org/10.1016/J.COMPENVURBSYS .2017.11.002

Maini, V., & Sabri, S. (2018). *Machine learning for humans.* Online. Available at https://www.dropbox.com/s/e38nil1dnl7481q/machine_learning. pdf?dl=0 (Accessed: August 17, 2018).

Malerba, F., Nelson, R., Orsenigo, L., & Winter, S. (2001). History-friendly models: An overview of the case of the computer industry. *Journal of Artificial Societies and Social Simulation, 4*(3), 6. Available at http:// jasss.soc.surrey.ac.uk/4/3/6.html

March, J. G., Cohen, M. D., & Olsen, J. P. (1972). A garbage can model of organizational choice. *Administrative Science Quarterly, 17*(1), 1–25.

Marengo, L. (1992). Coordination and organizational learning in the firm. *Journal of Evolutionary Economics, 2*(3), 313–326.

McKeown, G., & Sheehy, N. (2006). Mass media and polarisation processes in the bounded confidence model of opinion dynamics. *Journal of Artificial Societies and Social Simulation, 9*(1), 11. Available at http:// jasss.soc.surrey.ac.uk/9/1/11.html

McMillon, D., Simon, C. P., & Morenoff, J. (2014). Modeling the underlying dynamics of the spread of crime. *PLoS ONE* (edited by M. Perc, Public Library of Science), *9*(4), e88923. https://doi.org/10.1371/journal. pone.0088923

Merton, R. K. (1968). *Social theory and social structure* (1968 enl.). New York: Free Press.

Meyer, M., & Hufschlag, K. (2006). A generic approach to an object-oriented learning classifier system library. *Journal of Artificial Societies and Social Simulation, 9*(3), 9. Available at http://jasss.soc.surrey .ac.uk/9/3/9.html (Accessed: August 22, 2018).

Michalewicz, Z., & Fogel, D. B. (2004). *How to solve it: Modern heuristics*. Berlin: Springer. https://doi.org/10.1007/978-3-662-07807-5

Moss, S. (2002). Policy analysis from first principles. *Proceedings of the National Academy of Sciences, 99*(Suppl. 3), 7267–7274.

Mulkay, M. J., & Turner, B. S. (1971). Over-production of personnel and innovation in three social settings. *Sociology, 5*(1), 47–61.

Müller, B., Bohn, F., Dreßler, G., Groeneveld, J., Klassert, C., Martin, R., . . . , & Schwarz, N. (2013). Describing human decisions in agent-based models – ODD + D, an extension of the ODD protocol. *Environmental Modelling & Software, 48,* 37–48. https://doi.org/10.1016/J.ENVSOFT.2013.06.003

Naveh, I., & Sun, R. (2006). A cognitively based simulation of academic science. *Computational and Mathematical Organization Theory, 12*(4), 313–337. https://doi.org/10.1007/s10588-006-8872-z

Nilsson, N. (1998). *Artificial intelligence: A new synthesis.* San Francisco: Morgan Kaufmann.

Norling, E. J. (2014). *Modelling human behaviour with BDI agents* (Doctoral dissertation, Computer Science and Software Engineering, The University of Melbourne, Australia). Available at http://hdl.handle.net/11343/37081

North, M. J., Collier, N. T., & Vos, J. R. (2006). Experiences creating three implementations of the repast agent modeling toolkit. *ACM Transactions on Modeling and Computer Simulation (TOMACS), 16*(1), 1–25. https://doi.org/10.1145/1122012.1122013

O'Donoghue, C. (2014). *Handbook of microsimulation modelling.* Bingley, UK: EmeraldInsight. https://doi.org/10.1108/S0573-85552014000029 3020

O'Kelly, M. E., & Fotheringham, A. S. (1989). *Spatial interaction models: Formulations and applications.* Dordrecht, Netherlands: Kluwer.

O'Sullivan, D., & Perry, G. L. W. (2013). *Spatial simulation: Exploring pattern and process.* Chichester, UK: John Wiley. https://doi.org/10.1002/9781118527085

Orcutt, G., Quinke, H., & Merz, J. (1986). *Microanalytic simulation models to support social and financial policy.* Amsterdam: North-Holland (Information research and resource reports, v.7).

Pajares, J., Hernández-Iglesias, C., & López-Paredes, A. (2004). Modelling learning and R&D in innovative environments: A cognitive multi-agent approach. *Journal of Artificial Societies and Social Simulation, 7*(2), 7. Available at http://jasss.soc.surrey.ac.uk/7/2/7.html

Papert, S. (1983). Mindstorms: Children, computers and powerful ideas. *New Ideas in Psychology, 1*(1), 87. https://doi.org/10.1016/0732-118X (83)90034-X

Phillips, A. W. (1950). Mechanical models in economic dynamics. *Economica, 17*(67), 283–305.

Piccinini, G., & Bahar, S. (2013). Neural computation and the computational theory of cognition. *Cognitive Science, 37*(3), 453–488. https://doi.org/10.1111/cogs.12012

Poggio, T., Lo, A. W., LeBaron, B. D., & Chan, N. T. (2001). Agent-based models of financial markets: A comparison with experimental markets. *SSRN Electronic Journal.* https://doi.org/10.2139/ssrn.290140

Polhill, J. G., Parker, D., Brown, D., & Grimm, V. (2008). Using the ODD protocol for describing three agent-based social simulation models of land-use change. *Journal of Artificial Societies and Social Simulation, 11*(2), 3. Available at http://jasss.soc.surrey.ac.uk/11/2/3.html (Accessed: April 12, 2019).

Poli, R., Langdon, W. B., & McPhee, N. F. (2008). *A field guide to genetic programming.* Web site. http://www.gp-field-guide.org.uk

Pollicott, M., & Weiss, H. (2001). The dynamics of Schelling-type segregation models and a nonlinear graph Laplacian variational problem. *Advances in Applied Mathematics, 27*(1), 17–40. https://doi.org/10.1006/aama.2001.0722

Portugali, J., Benenson, I., & Omer, I. (2010). Sociospatial residential dynamics: Stability and instability within a self-organizing city. *Geographical Analysis, 26*(4), 321–340. https://doi.org/10.1111/j.1538-4632.1994.tb00329.x

Powell, W. W., White, D. R., Koput, K. W., & Owen-Smith, J. (2005). Network dynamics and field evolution: The growth of interorganizational collaboration in the life sciences. *American Journal of Sociology* (University of Chicago Press), *110*(4), 1132–1205.

Pujol, J. M., Flache, A., Delgado, J., & Sangüesa, R. (2005). How can social networks ever become complex? Modelling the emergence of complex networks from local social exchanges. *Journal of Artificial*

Societies and Social Simulation, 8(4), 12. Available at http://jasss.soc
.surrey.ac.uk/8/4/12.html (Accessed August 22, 2018).

Pyka, A., Ahrweiler, P., & Gilbert, N. (2004). Simulating knowledge
dynamics in innovation networks. In M. Richiardi & R. Leombruni
(Eds.), *Industry and labor dynamics: The agent-based computational
economics approach* (pp. 284–296). Singapore: World Scientific Press.
Available at http://link.springer.com/book/10.1007/978-3-662-43508-3

Railsback, S. F. (2001). Concepts from complex adaptive systems as a
framework for individual-based modelling. *Ecological Modelling,
139*(1), 47–62. https://doi.org/10.1016/S0304-3800(01)00228-9

Railsback, S. F., & Grimm, V. (2012). *Agent-based and individual-based
modeling: A practical introduction.* Princeton, NJ: Princeton University
Press.

Railsback, S. F., Lytinen, S. L., & Jackson, S. K. (2006). Agent-based simu-
lation platforms: Review and development recommendations. *Simula-
tion: Transactions of the Society for Modeling and Simulation
International, 82*(9), 609–623. https://doi.org/10.1177/003754970
6073695

Reschke, C. H. (2001). Evolutionary perspectives on simulations of social
systems. *Journal of Artificial Societies and Social Simulation, 4*(4), 8.
Available at http://jasss.soc.surrey.ac.uk/4/4/8.html (Accessed: August
22, 2018).

Reynolds, C. W. (1987). Flocks, herds, and schools: A distributed behav-
ioral model. *Computer Graphics, 21*(4), 25–34.

Richiardi, M., Leombruni, R., Saam, N., & Sonnessa, M. (2006). A com-
mon protocol for agent-based social simulation. *Journal of Artificial
Societies and Social Simulation, 9*(1), 15. Available at http://jasss.soc
.surrey.ac.uk/9/1/15.html

Ringler, P., Keles, D., & Fichtner, W. (2016). Agent-based modelling and
simulation of smart electricity grids and markets: A literature review.
Renewable and Sustainable Energy Reviews, 57, 205–215. https://doi
.org/10.1016/J.RSER.2015.12.169

Riolo, R. L., Cohen, M. D., & Axelrod, R. M. (2001). Evolution of coopera-
tion without reciprocity. *Nature, 411,* 441–443.

Ritter, F. E., Schoelles, M. J., Quigley, K. S., & Klein, L. C. (2011). Deter-
mining the number of simulation runs: Treating simulations as theories
by not sampling their behavior. In L. Rothrock & S. Narayanan (Eds.),

Human-in-the-loop simulations (pp. 97–116). London: Springer. https://doi.org/10.1007/978-0-85729-883-6_5

Robinson, S. (2004). *Simulation: The practice of model development and use.* Chichester, UK: Wiley.

Rouchier, J. (2003). Re-implementation of a multi-agent model aimed at sustaining experimental economic research: The case of simulations with emerging speculation. *Journal of Artificial Societies and Social Simulation, 6*(4), 7. Available at http://jasss.soc.surrey.ac.uk/6/4/7.html

Ruankaew, N., Le Page, C., Dumrongrojwattana, P., Barnaud, C., Gajaseni, N., van Paassen, A., & Trébuil, G. (2010). Companion modelling for integrated renewable resource management: A new collaborative approach to create common values for sustainable development. *International Journal of Sustainable Development & World Ecology, 17*(1), 15–23. https://doi.org/10.1080/13504500903481474

Russell, S., & Norvig, P. (2010). *Artificial intelligence: A modern approach,* 3rd ed. Upper Saddle River, NJ: Prentice Hall.

Rutter, C. M., Zaslavsky, A. M., & Feuer, E. J. (2011). Dynamic micro-simulation models for health outcomes. *Medical Decision Making, 31*(1), 10–18. https://doi.org/10.1177/0272989X10369005

Sakoda, J. M. (1971). The checkerboard model of social interaction. *Journal of Mathematical Sociology, 1*(1), 119–131.

Sallans, B., Pfister, A., Karatzoglou, A., & Dorffner, G. (2003). Simulation and validation of an integrated markets model. *Journal of Artificial Societies and Social Simulation, 6*(4), 2. Available at http://jasss.soc.surrey.ac.uk/6/4/2.html

Sander, R., Schreiber, D., & Doherty, J. (2000). Empirically testing a computational model: The example of housing segregation. In D. Sallach & T. Wolsko (Eds.), *Proceedings at the Workshop on Simulation of Socialagents: Architectures and Institutions* (pp. 109–116). Chicago: ANL/DIS/TM-60, Argonne National Laboratory.

Schelling, T. C. (1971). Dynamic models of segregation. *Journal of Mathematical Sociology, 1,* 143–186.

Schelling, T. C. (1978). *Micromotives and macrobehavior.* New York: Norton.

Simmel, G. (1907). Fashion. *International Quarterly, 10,* 130–155.

Simon, H. A. (1955). A behavioral model of rational choice. *Quarterly Journal of Economics, 69*(1), 99–118.

Squazzoni, F. (2012). *Agent-based computational sociology.* Chichester, UK: John Wiley & Sons. https://doi.org/10.1002/9781119954200

Squazzoni, F., & Boero, R. (2002). At the edge of variety and coordination. An agent-based computational model of industrial district. *Journal of Artificial Societies and Social Simulation, 5*(1), 1. Available at http://jasss.soc.surrey.ac.uk/5/1/1.html

Stauffer, D., Sousa, A., & Schulze, C. (2004). Discretized opinion dynamics of the deffaunt model on scale-free networks. *Journal of Artificial Societies and Social Simulation, 7*(3), 7. Available at http://jasss.soc.surrey.ac.uk/7/3/7.html

Stefanelli, A., & Seidl, R. (2017). Opinion communication on contested topics: How empirics and arguments can improve social simulation. *Journal of Artificial Societies and Social Simulation, 20*(4), 3. https://doi.org/10.18564/jasss.3492

Sterman, J. (2000). *Business dynamics: Systems thinking and modeling for a complex world.* Boston: Irwin McGraw-Hill.

Stonedahl, F., & Wilensky, U. (2011). Finding forms of flocking: Evolutionary search in ABM parameter-spaces. In T. Bosse, A. Geller, & C. M. Jonker (Eds.), *Multi-agent-based simulation XI* (pp. 61–75). Berlin: Springer. https://doi.org/10.1007/978-3-642-18345-4_5

Strader, T. J., Lin, F., & Shaw, M. J. (1998). Simulation of order fulfillment in divergent assembly supply chains. *Journal of Artificial Societies and Social Simulation, 1*(2), 5. Available at http://jasss.soc.surrey.ac.uk/1/2/5.html

Sun, R. (2006). The CLARION cognitive architecture: Extending cognitive modeling to social simulation. In R. Sun (Ed.), *Cognition and multi-agent interaction: From cognitive modeling to social simulation* (pp. 79–99). New York: Cambridge University Press.

Sun, R., & Naveh, I. (2004). Simulating organizational decision-making using a cognitively realistic agent model. *Journal of Artificial Societies and Social Simulation, 7*(3), 5. Available at http://jasss.soc.surrey.ac.uk/7/3/5.html

Sutherland, H., & Figari, F. (2013). EUROMOD: The European Union tax-benefit microsimulation model. *International Journal of Microsimulation, 1*(6), 4–26. Available at http://www.microsimulation.org/IJM/V6_1/2_IJM_6_1_Sutherland_Figari.pdf (Accessed: August 30, 2018).

Sutherland, H., Paulus, A., & Figari, F. (2014). Micro-simulation and policy analysis. In A. Atkinson & F. Bourguignon (Eds.), *Handbook of income distribution.* Vol. 2B (pp. 2141–2221). Amsterdam: Elsevier.

Sutton, R. S., & Barto, A. G. (2018). *Reinforcement learning: An introduction,* 2nd ed. Cambridge: Massachusetts Institute of Technology Press.

Swedlund, A. C., Sattenspiel, L., Warren, A. L., & Gumerman, G. J. (2015). Modeling archaeology: Origins of the artificial Anasazi project and beyond. In G. Wurzer, K. Kowarik, & H. Reschreiter (Eds.), *Advances in geographic information science* (pp. 37–50). Cham, Switzerland: Springer. https://doi.org/10.1007/978-3-319-00008-4_2

Taatgen, N., Anderson, J., & Lebiere, C. (2006). Modeling paradigms in ACT-R. In R. Sun (Ed.), *Cognition and multi-agent interaction: From cognitive modeling to social simulation* (pp. 29–52). New York: Cambridge University Press.

Thorngate, W. (2000). Teaching social simulation with Matlab. *Journal of Artificial Societies and Social Simulation*, 3(1). Available at http://jasss .soc.surrey.ac.uk/3/1/forum/1.html

Tobias, R., & Hofmann, C. (2004). Evaluation of free Java-libraries for social-scientific agent based simulation. *Journal of Artificial Societies and Social Simulation, 7*(1), 6. Available at http://jasss.soc.surrey.ac.uk/7/1/6.html

Troitzsch, K. G. (2004). Validating simulation models. In *Proceedings of 18th European Simulation Multiconference on Networked Simulation and Simulation Networks* (pp. 265–270). Wilhelmshaven, UK: SCS Europe.

Van Dyke Parunak, H., Savit, R., & Riolo, R. L. (1998). Agent-based modeling vs. equation-based modeling: A case study and users' guide. In J. S. Sichman, N. Gilbert, & R. Conte (Eds.), *Multi-agent systems and agent-based simulation. MABS 1998* (pp. 10–25). Paris, July 4–6. Berlin: Springer. https://doi.org/10.1007/10692956_2

van Ham, M., Manley, D., Bailey, N., Simpson, L., & Maclennan, D. (2012). Understanding neighbourhood dynamics: New insights for neighbourhood effects research. In M. van Ham, D. Manley, N. Bailey, L. Simpson, & D. Maclennan (Eds.), *Understanding neighbourhood dynamics* (pp. 1–21). Dordrecht: Springer Netherlands. https://doi .org/10.1007/978-94-007-4854-5_1

Wahl, S., & Spada, H. (2000). Children's reasoning about intentions, beliefs and behaviour. *Cognitive Science Quarterly, 1*(1), 3–32.

Walbert, H. J., Caton, J. L., & Norgaard, J. R. (2018). Countries as agents in a global-scale computational model. *Journal of Artificial Societies and Social Simulation, 21*(3), 4. https://doi.org/10.18564/jasss.3717

Waldrop, M. M. (2017). News feature: Special agents offer modeling upgrade. *Proceedings of the National Academy of Sciences, 114*(28), 7176–7179. https://doi.org/10.1073/pnas.1710350114

Watkins, A., Noble, J., Foster, R. J., Harmsen, B. J., & Doncaster, C. P. (2015). A spatially explicit agent-based model of the interactions between jaguar populations and their habitats. *Ecological Modelling, 306,* 268–277. https://doi.org/10.1016/J.ECOLMODEL.2014.10.038

Watts, C., & Gilbert, N. (2014a). *Simulating innovation: Computer-based tools for rethinking innovation.* Cheltenham, UK: Edward Elgar. https://doi.org/10.4337/9781783472536

Watts, C., & Gilbert, N. (2014b). Simulating innovation: Comparing models of collective knowledge, technological evolution and emergent innovation networks. In B. Kamiński & G. Koloch (Eds.), *Advances in intelligent systems and computing* (pp. 189–200). Berlin: Springer. https://doi.org/10.1007/978-3-642-39829-2_17

Watts, D. J. (1999). Network dynamics and the small world phenomenon. *Americal Journal of Sociology, 105*(2), 493–527.

Watts, D. J. (2004). The "new" science of networks. *Annual Review of Sociology, 30*(1), 243–270. https://doi.org/10.1146/annurev.soc.30.020404.104342

Watts, D. J., & Strogatz, S. H. (1998). Collective dynamics of "small-world" networks. *Nature, 393*(6684), 440–442.

Widdicombe, S., & Wooffitt, R. C. (1990). "Being" versus "doing" punk (etc): On achieving authenticity as a member. *Journal of Language and Social Psychology, 9,* 257–277.

Wilensky, U. (1998). NetLogo Segregation model. Center for Connected Learning and Computer-Based Modeling, Northwestern University, Evanston, IL. Available at http://ccl.northwestern.edu/netlogo/models/Segregation

Wilensky, U. (1999). *NetLogo.* Center for Connected Learning and Computer-Based Modeling, Northwestern University, Evanston, IL.

Wilensky, U. (2005). *NetLogo wolf sheep predation (system dynamics) model.* Center for Connected Learning and Computer-Based Modeling, Northwestern University, Evanston, IL.

Wilensky, U., & Rand, W. (2015). *An introduction to agent-based modeling: Modeling natural, social, and engineered complex systems with NetLogo.* Cambridge: Massachusetts Institute of Technology Press.

Wilson, G., Bryan, J., Cranston, K., Kitzes, J., Nederbragt, L., & Teal, T. K. (2016). Good enough practices in scientific computing. *CoRR,* abs/1609.0. Available at http://arxiv.org/abs/1609.00037

Windrum, P., Fagiolo, G., & Moneta, A. (2007). Empirical validation of agent-based models: Alternatives and prospects. *Journal of Artificial Societies & Social Simulation, 10*(2), 8. Available at http://jasss.soc.surrey.ac.uk/10/2/8.html

Wray, R. E., & Jones, R. M. (2005). Considering SOAR as an agent architecture. In R. Sun (Ed.), *Cognition and multi-agent interaction: From cognitive modeling to social simulation* (pp. 53–78). Cambridge: Cambridge University Press. https://doi.org/10.1017/CBO9780511610721.004

Ye, M., & Carley, K. M. (1995). RADAR-SOAR: Towards an artificial orgnization composed of intelligent agents. *Journal of Mathematical Sociology, 20*(2–3), 219–246.

Zhang, J. (2004). Residential segregation in an all-integrationist world. *Journal of Economic Behavior & Organization, 54*(4), 533–550. https://doi.org/10.1016/j.jebo.2003.03.005

Zheng, N., Waraich, R. A., Axhausen, K. W., & Geroliminis, N. (2012). A dynamic cordon pricing scheme combining the macroscopic fundamental diagram and an agent-based traffic model. *Transportation Research Part A: Policy and Practice, 46*(8), 1291–1303. https://doi.org/10.1016/J.TRA.2012.05.006

译名对照表

abstract models	抽象模型
agent-based modeling	基于行动者建模
companion modeling	伴生模型
complexity	复杂性
industrial networks	产业网络
Schelling model	谢林模型
agents	行动者
analogical models	类比模型
Belief-Desires-Intention(BDI) model	信念-欲望-意图(BDI)模型
Cobb-Douglas production function	柯布-道格拉斯生产函数
collectivities model	集合体模型
discrete event simulation	离散事件模拟
equation-based models	基于方程的模型
equifinality	等效性
facsimile models	传真模型
regression equation	回归方程
scale models	比例模型
simulation	模拟
variables	变量

图书在版编目(CIP)数据

基于行动者模型:第二版/(英)奈杰尔·吉尔伯
特著;盛智明译. —上海:格致出版社:上海人民出
版社,2022.12
(格致方法.定量研究系列)
ISBN 978 - 7 - 5432 - 3407 - 9

Ⅰ.①基… Ⅱ.①奈… ②盛… Ⅲ.①社会科学-统
计模型-研究 Ⅳ.①C32

中国版本图书馆 CIP 数据核字(2022)第 205137 号

责任编辑 顾 悦

格致方法 • 定量研究系列
基于行动者模型(第二版)
[英]奈杰尔 • 吉尔伯特 著
盛智明 译

出 版	格致出版社	
	上海人民出版社	
	(201101 上海市闵行区号景路 159 弄 C 座)	
发 行	上海人民出版社发行中心	
印 刷	浙江临安曙光印务有限公司	
开 本	920×1168 1/32	
印 张	5.5	
字 数	109,000	
版 次	2022 年 12 月第 1 版	
印 次	2022 年 12 月第 1 次印刷	
ISBN 978 - 7 - 5432 - 3407 - 9/C • 281		
定 价	42.00 元	

Agent-Based Models, 2nd edition

by Nigel Gilbert

English language editions published by SAGE Publications of Thousand Oaks, London, New Delhi, Singapore and Washington D.C., © 2020 by SAGE Publications, Inc.

This simplified Chinese edition for the People's Republic of China is published by arrangement with SAGE Publications, Inc. © SAGE Publications, Inc. & TRUTH & WISDOM PRESS 2022.

本书版权归 SAGE Publications 所有。由 SAGE Publications 授权翻译出版。
上海市版权局著作权合同登记号:图字 09-2022-0611

格致方法·定量研究系列